신문이 보이고 뉴스가 들리는 재미있는 식물 이야기

16

신문이 보이고 뉴스가 들리는 ⑯
재미있는 **식물 이야기**

개정판 1쇄 발행 | 2014년 4월 25일
개정판 8쇄 발행 | 2021년 2월 15일

지　은　이 | 최주영
그　린　이 | 원일러스트
감　　　수 | 이경준

펴　낸　곳 | (주)가나문화콘텐츠
펴　낸　이 | 김남전
편　집　장 | 유다형
편　　　집 | 이보라
외　주　편　집 | 현수랑
디　자　인 | 정란
마　케　팅 | 정상원 한웅 정용민 김건우
관　　　리 | 임종열 김하은

출　판　등　록 | 2002년 2월 15일 제10-2308호
주　　　소 | 경기도 고양시 덕양구 호원길 3-2
전　　　화 | 02-717-5494(편집부) 02-332-7755(관리부)
팩　　　스 | 02-324-9944
홈 페 이 지 | www.ganapub.com
이　메　일 | ganapub@naver.com

ISBN 978-89-5736-654-7 (74480)

*책값은 뒤표지에 표시되어 있습니다.
*이 책의 내용을 재사용하려면 반드시 (주)가나문화콘텐츠의 동의를 얻어야 합니다.
*잘못된 책은 구입하신 서점에서 바꾸어 드립니다.

*'가나출판사'는 (주)가나문화콘텐츠의 출판 브랜드입니다.

「이 도서의 국립중앙도서관 출판시도서목록(CIP)은 서지정보유통지원시스템 홈페이지(http://seoji.nl.go.kr)와
국가자료공동목록시스템(http://www.nl.go.kr/kolisnet)에서 이용하실 수 있습니다.(CIP제어번호: CIP2014000895)」

- 제조자명 : (주)가나문화콘텐츠
- 주소 및 전화번호 : 경기도 고양시 덕양구 호원길 3-2 / 02-717-5494
- 인쇄일 : 2021년 2월 8일
- 제조국명 : 대한민국
- 사용연령 : 4세 이상 어린이 제품

신문이 보이고 뉴스가 들리는 재미있는 식물 이야기

16

글 최주영 | 그림 윈일러스트
감수 이경준 (서울대학교 농업생명과학대학 산림과학부 명예교수)

가나출판사

| 머 리 말 |

조용해 보이지만 바쁘게 움직이는
똑똑한 식물의 세계로 초대합니다!

　집 안에서 기르는 화분이나 학교 화단의 나무들, 길가에 자라는 이름 모를 풀들까지 우리 주변을 가만히 살펴보면 식물이 참 많아요. 하지만 이런 식물들이 있다는 걸 평소에는 잘 의식하지 못하고 지내지요. 긴 겨울이 지나고 벚꽃이나 목련꽃, 개나리가 활짝 필 때처럼 꽃구경을 하러 갈 때에야 비로소 식물을 주의 깊게 쳐다봐요. 물론 그것도 꽃을 보고 즐기기 위한 것이지만요.

　사실 선생님도 어렸을 때부터 식물을 좋아했던 건 아니에요. 어렸을 때는 아무 말도 못하고, 움직이지도 못한 채 가만히 서 있는 식물보다는 폴짝폴짝 뛰어나니고, 소리도 내는 동물이 더 좋았어요. 한 번도 가보지 못한 나라에 사는 기린, 코끼리, 펭귄, 치타, 코알라 같은 동물들의 생김새나 이름, 생태까지 줄줄이 외웠지만, 우리 동네에 서 있는 커다란 나무, 심지어 우리 집에서 기르던 화초의 이름은 몰랐지요.

　그러다가 우연히 텔레비전에서 식물이 씨앗을 퍼뜨리고, 적을 방어하기 위해 어떤

 노력을 하는지를 관찰한 다큐멘터리를 보게 되었어요. 씨앗을 퍼뜨리기 위해 고약한 냄새를 퍼뜨리는 라플레시아나, 자신을 뜯어먹는 동물들이 자기를 먹지 못하게 가시털을 만들고 독이 있는 성분을 만들어서 자신을 지키는 쐐기풀, 개미에게 먹이를 주는 대신, 개미는 적을 물리쳐 주면서 서로 도우며 사는 아카시아까지 식물들의 노력은 끝이 없었어요. '늘 가만히 평화롭게 사는 것 같던 식물이 사실은 저렇게 치열하게 살고 있었구나' 하는 생각에 감동을 받았고, 그때부터 식물에 관심을 갖고, 공부하게 되었어요. 알면 알수록 식물의 똑똑함에 감탄을 하게 되었지요.

 여러분도 이 책을 보면서 식물에 대해 작은 관심을 가지고, 식물이 얼마나 노력하며 사는지를 알았으면 좋겠어요. 너무 어려울 것 같다고요? 학교를 오가면서 매일 보는 식물의 이름이 무엇일까를 궁금해하고, 봄, 여름, 가을, 겨울 변하는 모습을 관심을 가지고 살펴보는 것만으로도 충분하답니다.

이른 봄, 부지런히 꽃을 피운 벚꽃과 목련꽃을 바라보며
최주영

| 추 천 의 글 |

호기심으로 시작해
사랑으로 이어지길

   우리는 꽃과 나무를 만나면 그 아름다움과 계절마다 바뀌는 모습에 즐거움을 느낍니다. 지구상에 수백만 종의 생물이 살고 있는데, 제각기 독특한 생김새와 기능을 가지고 있지요. 그중에서도 식물은 인간에게 식량을 만들어 주고, 산소를 생산해 우리가 숨을 쉴 수 있게 해 주는 고마운 친구입니다.

   유명한 시인 이은상 선생님은 '나무의 마음'이라는 시에서 "나무도 사람처럼 마음이 있소. 숨 쉬고 뜻도 있고 정도 있지요."라고 했습니다. 나무는 조용히 우리에게 살기 좋은 안식처를 제공하고 모든 것을 인간에게 내어 주는 너그러운 마음을 가지고 있습니다.

   이 책은 자연과 식물에 대한 호기심을 불러일으키는 훌륭하고 독특한 도서입니다. 식물이 무엇인지부터 벌레를 잡아먹는 식물과 새끼를 낳는 식물까지 호기심을 불러일으키는 재미있는 식물 이야기가 가득하지요. 호기심은 즐거운 공부의 출발점입니다.

　이 책은 식물에 대한 흥미로운 이야기만 하는 것이 아니라 식물의 분류 방법이나 식물의 구조 등 교과서에 나오는 꼭 알아야 하는 지식도 알차게 담았습니다. 어린이들은 이 책을 통해서 식물이 어떻게 자라서 예쁜 꽃을 피우고 열매를 맺는지 알 수 있고, 식물에 대한 신비로운 지식을 얻을 수 있을 것입니다.

　식물과 자연에 대한 이해는 곧바로 자연 사랑으로 이어집니다. 요즘 인구가 늘어나고 산업이 발전하면서 아름다운 자연이 망가지고 있는데, 식물이 자연환경에 적응하는 법칙을 이해하게 되면 자연과 지구를 살리는 방법을 찾아낼 수 있고, 어린이들이 지구 지킴이가 되겠지요. 또한 앞으로 어린이들이 커서 생물을 전공하는 의학자나 생물공학자가 되고자 할 경우 식물에 대한 지식은 훌륭한 밑바탕이 되어 줄 것입니다.

서울대학교 농업생명과학대학 산림과학부 명예교수
이경준

| 차례 |

머리말 · 4
추천의 글 · 6

1장 발견! 놀라운 식물의 세계 · 12

끈적끈적, 끈끈이주걱 · 14
곤충을 꿀꺽 삼키는 벌레잡이통풀 · 16
새끼 낳는 식물이 있다고요? · 18
지독한 냄새가 나는 라플레시아 · 20
빵나무에는 빵이 열릴까요? · 22

2장 교과서에서 식물 찾기 · 24

탱글탱글 달콤한 과일들 · 26
둥둥 물에 사는 식물들 · 28
알록달록 꽃이 활짝! · 30
주렁주렁 채소, 과일이 덩굴째! · 32
쑥쑥 키다리 나무들 · 34

3장 | 초록빛 식물의 비밀 · 36

지구에 식물이 없다면? · 38
버섯은 식물이 아니라고요? · 40
식물의 과거와 현재 · 42
식물이 모여 사는 마을, 숲 · 44
식물 이름은 어떻게 지을까요? · 46
식물의 비밀을 밝힌 린네 · 48
식물 분류법 대공개! · 50

신문에서 찾은 식물 이야기 도심 속 오아시스, 도시 정원 열풍! · 56

4장 | 알쏭달쏭 식물 속이 궁금해요! · 58

물과 양분을 흡수하는 뿌리 · 60
길쭉길쭉 꼬불꼬불 줄기 · 66
나이테에는 ○○이 숨어 있다고요? · 70
잎은 햇빛을 좋아해요 · 72
꽃 속에 씨가 있다고요? · 78

신문에서 찾은 식물 이야기 공기 정화 식물 BEST 5 · 82

5장 | 식물의 자손 번식 대작전! · 84

미션! 꽃가루 옮기기! · 86

씨와 열매의 위대한 탄생 · 92

어떤 씨가 멀리멀리 퍼질까요? · 96

꽃이 없는 식물은 어떻게 번식할까요? · 100

사람도 식물을 번식시킬 수 있다고요? · 104

신문에서 찾은 식물 이야기 꿀벌이 사라지고 있어요! · 106

6장 | 서바이벌 식물 생존 법칙 · 108

추위를 이겨 내라! · 110

식물도 움직인다고요? · 114

식물의 적은 누구인가요? · 118

내 몸을 지켜라! · 120

화학 물질과 냄새로 적을 물리쳐요 · 124

우린 서로 돕고 살아요 · 128

다른 식물에 붙어 살아요 · 130

식물들이 죽어 가요 · 132

우리나라에서 점점 보기 힘들어요 · 136

외국에서 들어와 살아요 · 138

신문에서 찾은 식물 이야기 무기 없는 전쟁, 종자 전쟁 · 140

7장 식물들의 환경 적응기 · 142

오들오들, 극지에 사는 식물 · 144

시원시원, 냉대 기후에 사는 식물 · 148

따뜻따뜻, 온대 기후에 사는 식물 · 150

헉헉 더워, 열대 기후에 사는 식물 · 152

물이 부족해, 사막에 사는 식물 · 156

첨벙첨벙, 물에 사는 식물 · 160

생생 식물 화보 신기한 식물을 찾아 식물원으로! · 164

이 책에 나오는 식물들 · 168

사진 출처 · 170

찾아보기 · 171

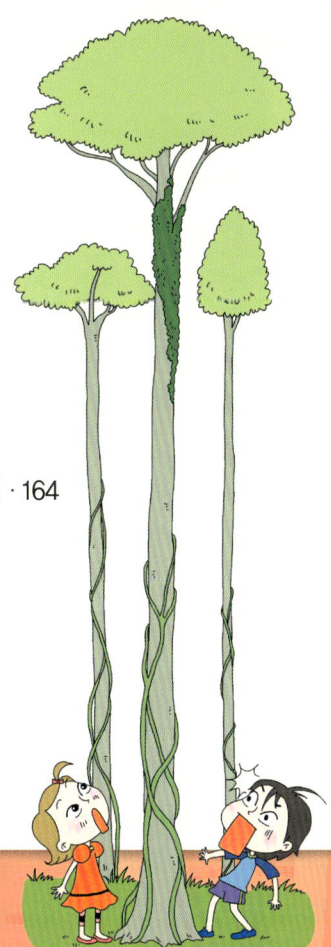

1장 발견! 놀라운 식물의 세계

으악! 방금 엄청난 장면을 보고 말았어요! 어떤 괴물이 곤충을 눈식간에 집어 삼키지 뭐예요?

으아악! 그런데 그 괴물의 정체가 바로 식물이었어요! 맙소사!

이렇게 곤충을 잡아먹는 식물을 '식충 식물'이라고 해요.

식충 식물은 곤충이 다가오도록 유혹한 다음, 털로 감싸서 소화하기도 하고,

통 안에 가두어 두고 소화하기도 해요. 세상에는 이렇게 신기한 식물들이 많아요.

어떤 나무는 씨의 싹을 틔워서 어느 정도 기른 다음에야 땅에 떨어뜨린대요. 놀랍죠?

자, 지금부터 기상천외하고 놀라운 식물들을 만나러 떠나 볼까요?

끈적끈적, 끈끈이주걱

"으악! 끈끈이주걱에 걸렸다!"

맙소사! 식물이 곤충을 잡아먹고 있어요. 무시무시한 식충 식물이네요. 곤충을 잡아먹어 부족한 양분을 얻는 식물을 '식충 식물'이라고 불러요. 식충 식물은 토양이 산성이거나 식물이 살아가는 데 필요한 질소가 부족한 습지에 많이 살지요. 대표적인 식충 식물인 끈끈이주걱 역시 토양이 산성인 습지에서 자란답니다.

끈끈이주걱의 잎에는 가느다란 털이 촘촘히 나 있어요. 이 털끝에는 이슬이 맺힌 것 같이 생긴 끈끈한 액체가 방울방울 달려 있지요. 작은 곤충은 햇빛에 반사된 액체를 달콤한 꿀로 착각해 그 위에 앉아요. 그러면 끈끈한 액체가 곤충의 발을 꽉 잡고는 놓아 주지 않지요. 곧 털들이 오므라들면서 곤충이 도망가지 못하게 단단히 감싸 버린답니다.

붙잡힌 곤충이 도망가려고 발버둥 칠수록 끈끈이주걱은 더욱더 빠르고 세게 감싸요. 잡힌 곤충을 다 감싼 후에는 소화액을 내어 곤충에 있는 영양분을 빨아들이지요. 곤충을 모두 먹어치운 다음에는 털을 다시 활짝 벌리고 새로운 먹잇감을 사냥할 준비를 한답니다.

↪ 곤충 사냥에 성공한 끈끈이주걱의 모습. 곤충이 도망가지 못하게 털을 단단히 오므리고 있어요.

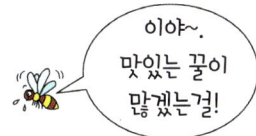

잎에 달린 끈적끈적한 털로 곤충을 유혹해요.

털을 꿀이라고 착각한 곤충이 끈끈한 액체에 달라붙어요.

털이 가운데로 오므라들면서 곤충을 가둔 뒤, 소화액을 내어 곤충을 녹여서 먹어요.

곤충을 꿀꺽 삼키는
벌레잡이통풀

벌레잡이통풀

곤충을 꿀꺽 삼키는 식충 식물도 있어요. 벌레잡이통풀은 곤충이 좋아하는 독특한 냄새를 내서 곤충을 유혹하지요. 곤충은 향기에 이끌려 벌레잡이통풀의 통 모양 잎 가까이에 왔다가 잎 가장자리에 있는 꿀샘을 발견해요. 이 식물의 잎이 아주 미끄럽다는 걸 모르는 곤충은 잎 가장자리에 앉아서 꿀을 빨아 먹다가 통 속으로 쏙 빠져 버린답니다. 통 안쪽 벽면은 미끈미끈한 분비물이 나와서 다리를 살짝만 대도 아래로 깊이 빠질 만큼 미끄러워요.

이렇게 벌레잡이통풀의 통 속으로 들어가기는 쉽지만 절대 밖으로 빠져나오지는 못해요. 곤충을 소화시킬 수 있는 무시무시한 소화액이 나오

기 때문이에요. 곤충이 빠져나오려고 허우적거릴수록 소화액이 곤충의 몸 안으로 스며들어 결국 죽게 된답니다. 곤충은 서서히 분해되어 식물의 영양분이 되지요.

 벌레잡이통풀은 종류가 아주 다양해요. 어떤 종류는 벌레를 잡는 통의 길이가 60cm, 주둥이의 지름이 18cm나 되는 것도 있어요. 이렇게 커다란 벌레잡이통풀은 거미, 달팽이뿐만 아니라 개구리나 제법 큰 새까지 꿀꺽 삼킬 수 있다고 해요. 정말 놀랍죠?

커다란 벌레잡이통풀은 곤충뿐 아니라 개구리나 새까지 삼킬 수 있어요.

새끼 낳는 식물이 있다고요?

사람처럼 식물이 새끼를 낳는다면 어떨까요?

아열대나 열대 지역의 진흙이 많은 갯벌이나 바닷가에 사는 식물인 맹그로브는 새끼를 낳아요. 맹그로브가 사는 갯벌은 밀물과 썰물이 들어왔다 나갔다 하기 때문에 씨 상태로 떨어지면 물에 휩쓸려 싹이 트기 어렵거든요. 그래서 맹그로브는 나무에서 씨를 어느 정도 키워서 땅으로 내려보내지요.

맹그로브 열매는 나무에 달려 있을 때 씨에서 싹이 터서 초록색 뿌리가 뾰족하게 자라나요. 뿌리가 어느 정도 자라면 나무에서 뚝 떨어져 진흙 속에 뿌리를 박고 독립하지요. 그래서 맹그로브를 새끼 낳는 식물이라고 부른답니다.

만약에 물이 많이 들어와 있는 밀물 때 맹그로브 씨가 땅에 떨어진다면 어떻게 될까요? 씨가 물에 둥둥 떠내려갈 것 같지만 걱정하지 않아도 돼요. 맹그로브의 뿌리에는 엽록소가 있어요. 그래서 물 위에 떠 있는 채로도 광합성을 해서 양분을 만들 수 있답니다. 광합성을 하며 물 위를 떠다니면서 뿌리내릴 적당한 곳을 찾지요. 맹그로브에게는 수많은 뿌리가 있어서 육지에서 흘러나온 흙을 꽉 붙잡아요. 시간이 지나면 맹그로브 주변으로 더 많은 흙이 쌓이게 되고, 그곳이 점차 육지로 바뀐답니다.

진흙이 많은 갯벌이나 바닷가에 사는 식물인 맹그로브는 밀물과 썰물에 씨가 떠내려가지 않게 하기 위해 나무에서 씨를 어느 정도 키워서 땅으로 내려 보내요.

지독한 냄새가 나는
라플레시아

라플레시아는 다른 꽃들처럼 달콤한 향기를 내는 대신 고기가 썩는 것처럼 고약한 냄새를 풍겨요.

인도네시아의 보르네오와 수마트라의 숲속에서는 여러분들 키만 한 꽃을 볼 수 있어요. 라플레시아라고 부르는 이 식물은 꽃의 지름이 무려 1m가 넘어요. 세계에서 가장 큰 꽃이지요.

라플레시아는 꽃이 피는 데만도 한 달이나 걸려요. 꽃은 5일이나 7일 정도 피어 있다 시들어요. 잎이 없어서 혼자서는 광합성을 하지 못하고 숲 바닥을 기며 자라는 덩굴 식물에 붙어서 산답니다.

라플레시아 꽃에서는 고기가 썩는 것 같은 고약한 냄새가 나요. 라플라시아 꽃가루를 옮겨 주는 파리 같은 곤충들이 아주 좋아하는 냄새지요. 꽃 색깔은 자줏빛이 도는 갈색으로 밝은 색의 반점이 있는데, 이 색도 파리들이 좋아하는 색이랍니다. 그래서 라플레시아 주변에는 파리들이 늘 윙윙거려요.

파리가 수술에 앉으면 몸에 끈적거리는 꽃가루가 붙어요. 이 파리가 암술에 앉으면 꽃가루가 암술의 머리에 묻지요. 이렇게 꽃가루를 옮기고 나면 라플레시아는 냄새를 풍기며 썩어 버린답니다.

읔! 이게 무슨
냄새야?
헉
윽

무슨 꽃이
이렇게 고약한
냄새를 풍기지?
웩 !
못 견디겠어.
열매가
3일 동안 발 안
씻었을 때 나는 냄새
같아. 히히히.
뭐야?

메롱~~
너!
거기 서.

빵나무에는 빵이 열릴까요?

달콤하고 보들보들한 빵이 나무에서 열린다면 어떨까요? 열대 지방에는 빵이 열리는 빵나무가 있어요. 나무 열매에 녹말이 많이 들어 있고, 빵과 비슷한 맛이 나서 빵나무란 이름이 붙었답니다. 열대 지방에서는 빵나무를 많이 키우는데, 다 자라면 높이가 15m 정도예요. 그리고 일 년에 두세 번 정도 열리는 열매는 축구공만큼 커다랗답니다.

빵나무 열매는 주로 잘라서 구워 먹거나 삶아 먹는데, 감자와 비슷한 맛이 나요. 곱게 가루를 내서 과자를 만들기도 하지요. 열대 지방에서 빵나무 열매는 식량으로 아주 유용하게 쓰인답니다. 빵나무 가루에는 단백질 4%와 탄수화물 76%가 들어 있어 열량이 100g에 331kcal 정도거든요. 밥 한 공기와 비슷한 열량을 가지고 있지요.

남태평양 마아퀴사스 지방에서는 아기가 태어나면 빵나무를 심어요. 빵나무 한 그루는 일 년에 50~150개의 열매를 맺는데, 이 열매가 아기가 살아가는 동안 식량이 되어 주기 때문이에요. 빵나무는 아기가 잘 자라기를 바라는 부모의 마음을 대신하는 식물이랍니다.

빵나무 열매는 녹말이 많이 들어 있고, 빵과 비슷한 맛이 나서 빵나무란 이름이 붙었어요.

1장 발견! 놀라운 식물의 세계 · 23

2장 교과서에서 식물 찾기

과학 교과서뿐만 아니라 국어, 수학, 사회 등 학교에서 배우는 여러 교과서에도

다양한 식물들이 등장해요. 탱글탱글 탐스러운 과일이 열리는 나무와

물에 둥둥 떠서 사는 식물, 아름다운 꽃을 자랑하는 식물,

다른 물건을 감거나 붙어서 자라는 꼬불꼬불 덩굴 식물,

20m가 넘게 자라는 키다리 나무 등 그 종류도 매우 다양하지요.

지금부터 초등학교 교과서에 나오는 식물들을 함께 만나 보아요!

탱글탱글 달콤한 과일들

식물은 우리에게 아낌없이 많은 것을 내주어요. 탱글탱글 달콤한 과일도 식물이 주는 선물 중 하나랍니다. 교과서에 나온 식물 중 우리가 좋아하는 달콤한 과일이 주렁주렁 열린 식물을 함께 살펴봐요!

대추가 주렁주렁 열리는 **대추나무**는 나무에 가시가 있어요. 9월이 되면 대추 열매가 빨갛게 익는데, 아주 달콤하답니다.

새콤달콤 맛있는 **사과나무**는 우리 주변에서 쉽게 볼 수 있어요. 타원형으로 생긴 사과나무 잎은 끝이 뾰족하고 잎 아랫부분에는 솜털이 나 있답니다.

딸기는 장미과의 2년 이상 사는 여러해살이풀이에요. 봄이 되면 흰색 꽃이 여러 개 달리는데, 딸기는 보통 과일과 다르게 꽃자루 맨 끝에 달린 꽃턱이 발달해 열린답니다.

귤나무는 6월에 꽃잎이 5개인 흰색 꽃이 펴요. 품종마다 다르지만 우리가 주로 먹는 감귤은 11월 말에서 12월 초쯤에 수확한답니다.

10월이 되면 배나무에서 달고 맛있는 배를 수확할 수 있어요. 배 열매 안에는 까슬까슬한 세포인 돌세포가 들어 있어서 먹을 때 오돌토돌한 느낌이 난답니다.

주로 산기슭에서 자라는 밤나무는 높이 10~15m, 지름 30~40㎝ 정도로 매우 커요. 9~10월이 되면 밤이 익는데 뾰족한 가시로 싸인 송이 안에 1~3개의 열매가 들어 있답니다.

복숭아나무는 4~5월에 흰색과 연붉은색의 꽃을 피워요. 한여름인 7~8월이 되면 맛있는 복숭아를 수확할 수 있답니다. 복숭아씨는 약으로도 사용해요.

둥둥
물에 사는 식물들

물에 둥둥 떠서 사는 식물도 있어요. 식물은 흙에서 양분을 얻는데 어떻게 물에 뜬 채 살 수 있냐고요? 물에 사는 식물들에게는 특별한 생존 방법이 있답니다. 교과서에 나온 식물 중 물에 사는 식물을 만나 보아요.

흔히 어항 안에 물풀로 키우는 게 바로 **검정말**이에요. 검정말은 잎 4~8장이 돌려나는데, 붕어들이 잎 사이사이에 알을 낳는답니다.

개구리밥은 논이나 연못의 물 위에 떠서 살아요. 가을이 오면 잎 아래에 작은 겨울눈이 생겨나 물속에 가라앉아요. 겨울눈은 겨울 동안 물속에 있다가 봄이 오면 물 위로 올라와 새싹이 된답니다.

진흙 속에서 자라는 **연꽃**은 줄기가 뿌리처럼 땅속으로 뻗어서 자라는 뿌리줄기로, 굵고 마디가 많아요. 가을이 끝날 무렵에는 뿌리줄기 끝이 커져 연근이 만들어진답니다.

잎이 옥잠화를 닮았고, 물에 산다고 해서 **물옥잠**이라는 이름이 붙었어요. 물옥잠은 수염뿌리에서 잎과 줄기가 모여 난답니다.

물속에서 자라는 **붕어마름**은 뿌리가 없고 가지가 변한 뿌리가 땅속에 들어가요. 바늘 모양의 잎은 길이 1.5~2.5cm로 돌려난답니다.

수중 식물인 **수련**은 굵고 짧은 뿌리줄기에서 많은 잎자루가 자라 물 위에서 잎이 펴져요. 잎의 앞면은 녹색이고 뒷면은 자주색이에요.

물수세미는 연못이나 늪에서 한데 무리 지어 자라요. 땅속줄기인 물수세미 줄기는 진흙 속에서 옆으로 뻗으며 자란답니다.

연못에서 떠다니며 자라는 **부레옥잠**은 공 모양처럼 부풀어 오른 잎자루가 있는 게 특징이에요. 8~9월이 되면 연보랏빛의 꽃이 핀답니다.

알록달록 꽃이 활짝!

식물의 가장 아름다운 부분을 꼽으라면 많은 사람이 꽃을 얘기할 거예요. 빨강, 노랑, 분홍, 보라 등 꽃은 저마다 곱고 아름다운 색을 뽐내지요. 알록달록 예쁜 꽃이 핀 식물을 만나 봐요!

우리나라 국화인 **무궁화**는 흰색, 연분홍색, 분홍색, 다홍색, 보라색, 자주색 등 꽃 색깔이 다양해요. 7~10월이 되면 아름답게 핀 무궁화를 볼 수 있답니다.

수로 늘에서 사는 **제비꽃**은 높이 10㎝ 내외의 작은 식물이에요. 4~5월이 되면 보랏빛 꽃이 핀답니다.

해바라기는 꽃이 태양이 있는 방향으로 향하는 성질이 있어요. 해를 바라보는 이런 성질 때문에 해바라기라는 이름이 붙었답니다. 꽃 크기가 최대 지름 60㎝나 된다니 대단하죠?

목련은 꽃이 잎보다 먼저 펴요. 크고 흰 꽃이 가지 끝에 한 송이씩 핀답니다. 꽃눈이 붓처럼 생겼다고 해서 '목필'이라고도 불러요.

10월부터 이듬해 봄까지 붉은색 꽃을 화려하게 피우는 **동백나무**는 열매 속에 검은 씨가 세 개 들어 있어요. 이 씨를 짜서 동백기름을 만들기도 한답니다.

해마다 6~10월이 되면 흰색, 붉은색, 연분홍색 등 다양한 색의 **코스모스**가 피어요. 멕시코가 원산지인 코스모스는 주로 관상용으로 많이 심는답니다.

맨드라미는 꽃 모양이 수탉 볏과 비슷하다고 해서 한자로 '계관화'라고 쓰기도 해요. 꽃받침은 바늘 모양으로 끝이 매우 날카롭답니다.

알록달록 활짝 핀 꽃이 아름다워~.

주렁주렁
채소, 과일이 덩굴째!

줄기가 길쭉해서 곧게 서지 않고 다른 물건을 감거나 거기에 붙어 자라는 식물을 덩굴 식물이라고 해요. 넝쿨 식물이라고 부르기도 하지요. 지금부터 교과서에 나온 식물 중 덩굴 식물을 함께 살펴봐요!

털이 빼곡하게 나 있는 **호박** 덩굴을 자르면 5각형 단면을 볼 수 있어요. 노란색 꽃 끝에 달리는 호박은 다 익으면 크고 단단해진답니다.

포도는 포도과의 덩굴 식물로 5~6월에 노란빛을 띤 녹색 꽃이 피어요. 그리고 8~10월이 되면 열매가 주렁주렁 열리고 달콤하게 익는답니다.

박과의 **수박**은 일 년만 사는 한해살이풀이에요. 줄기가 길게 자라서 땅 위를 기는 것처럼 자라지요. 5~6월에 노란 꽃이 피며, 꽃에 둥근 열매가 달린답니다.

참외는 오이와 마찬가지로 덩굴손이 있는 박과의 덩굴 식물이에요. 노란 꽃이 핀 후 약 30일 후면 노랗고 달콤한 열매를 수확할 수 있어요.

오이는 줄기에 굵은 털이 있고 다른 물체를 감을 수 있게 가지가 변한 덩굴손이 있는 박과의 덩굴 식물이에요. 오이 열매는 95% 이상이 수분이며 비타민, 무기질이 들어 있답니다.

덩굴 식물은 꼬불꼬불 귀엽게 자라~!

수세미도 덩굴손으로 다른 물체를 감으며 자라요. 노란색 꽃에서 열매가 달리는데 10월이 되면 다 익어서 수확할 수 있답니다.

쑥쑥 키다리 나무들

하늘을 뚫을 듯 큰 키를 자랑하는 식물들도 있어요. 어떤 나무는 어른 키의 20배가 넘게 자라기도 하지요. 지금부터 교과서에 나오는 식물 중 쑥쑥 자라는 키다리 나무들을 만나 봐요.

플라타너스는 추위에 강하고 관리가 편해서 가로수나 공원수로 많이 심어요. 높이 40~50m까지 자라는 키 큰 나무랍니다.

산기슭이나 들에서 많이 자라는 **느티나무**는 가을이 되면 잎이 붉은색, 노란색으로 단풍이 들어요. 자라는 속도가 빠르고 추위에 강하답니다.

산과 들에 자라는 **아까시나무**는 5~6월이 되면 향기가 강한 흰색 꽃이 핀답니다. 꽃에는 달콤한 꿀이 많아서 벌들이 아주 좋아해요.

높이 15m인 **오동나무**는 오각형에 가까운 특이한 모양의 잎을 가지고 있어요. 잎 길이는 최대 25㎝나 된다고 해요.

높이 20m까지 자라는 **향나무**는 새로 돋아나는 가지는 녹색이지만 3년이 지난 가지는 검은 갈색이에요. 잎에는 날카로운 침이 달려 있어요.

소나뭇과인 **잣나무**는 해발고도 1,000m 이상에서 자라는 높이 20~30m, 지름 1m에 달하는 나무예요. 10월이 되면 잘 익은 잣을 수확할 수 있답니다.

박달나무는 높이 30m, 지름 1m에 달하는 커다란 나무예요. 나무껍질은 검은 회색이며 비늘처럼 갈라져 있지요. 잎 뒷면에는 털이 나 있답니다.

우와, 진짜 크다!

3장 초록빛 식물의 비밀

'초록빛 지구'라는 말을 들어본 적이 있나요?

초록빛 식물이 살고 있는 지구를 가리키는 말이에요.

식물은 인간이 지구에 나타나기 훨씬 전부터 살았던 지구의 터줏대감이랍니다.

식물은 언제 지구에 처음 나타났을까요?

시간이 지나면서 식물은 어떻게 변화했을까요?

만약 지구에 식물이 없다면 어떻게 될까요?

우리 주위에 아주 가까이 있는 식물에 대한 이야기를 지금부터 함께 만나 봐요!

지구에 식물이 없다면?

지구에 식물이 없는 모습을 상상해 본 적 있나요?

식물이 없으면 가장 심각한 문제는 숨을 쉴 수 없다는 거예요. 우리가 숨을 쉴 때 필요한 산소는 대부분 식물이 만들거든요. 게다가 식물은 생태계의 생산자예요. 식물이 빛 에너지로 영양분을 만들어 주지 않으면 모두 굶어 죽을지도 몰라요.

이뿐만이 아니에요. 식물이 없으면 여러 가지 약도 만들 수 없어요. 약 중에는 식물에서 뽑아낸 성분을 이용해 만든 게 많거든요. 모기가 옮기는 전염병인 말라리아 치료제로 쓰이는 퀴닌은 기나나무의 껍질에서 뽑아내요. 열과 고통을 줄여 주는 아스피린은 서양 조팝나무와 버드나무의 껍질에 들어 있는 물질로 만들지요. 오늘날 우리가 쓰는 의약품 중 4분의 1 정도가 식물에서 뽑아낸 물질을 포함하고 있다니, 식물이 없으면 병도 고칠 수 없겠네요.

식물이 없다면 식물에서 뽑은 실로 만드는 옷과 이불도 만들 수 없고, 밥이나 김치도 먹을 수 없답니다. 나무가 원료인 책, 공책, 연필도 쓸 수 없고, 책상이나 의자도 더 이상 만들 수 없을 거예요. 게다가 껌, 초콜릿, 지우개도 사라질 거예요. 무슨 말이냐고요? 껌은 사포딜라 나무에서 얻는 치클이라는 물질을 이용해서 만들어요. 초콜릿은 카카오 열매를, 지우개는 고무나무에서 나오는 수액을 이용해서 만들지요.

식물은 우리 생활에 어떻게 이용될까?

산소를 만들고 약, 종이 등의 원료가 돼요.

기나나무

열대 지방에서 자라는 기나나무. 말라리아 치료제인 퀴닌은 기나나무 껍질에서 추출한 물질로 만들어요.

버드나무

서양 조팝나무

열과 고통을 줄여 주는 약인 아스피린은 버드나무(위쪽)와 서양 조팝나무(아래쪽)의 껍질에 들어 있는 물질로 만들어요.

카카오 나무

달콤한 초콜릿은 카카오 열매로 만들지요.

3장 초록빛 식물의 비밀 · 39

버섯은 식물이 아니라고요?

식물은 살아가는 데 필요한 양분을 스스로 만드는 생물이에요. 우리는 매일 밥과 반찬을 먹고, 과일, 우유, 고기, 생선 등 여러 가지를 먹어야 살 수 있어요. 또 개나 고양이와 같은 여러 동물은 다른 동물을 잡아먹거나 식물을 먹어야 살 수 있지요. 하지만 식물은 햇빛을 이용해서 스스로 양분을 만들어요. 식물은 움직이지 않아도 스스로 양분을 만들어 살아갈 수 있는 생물이지요. 현재 지구상에 살고 있는 식물은 35만 종이 넘어요.

그런데 나무 밑에서 자라는 버섯도 식물일까요? 버섯은 식물처럼 보이지만 사실은 식물이 아니에요. 버섯은 곰팡이와 함께 균류에 속해요. 식물은 광합성을 해서 스스로 영양분을 만들지만, 버섯은 영양분을 만들지 못해요. 식물처럼 뿌리가 있는 것도 아니고요.

버섯은 보통 나무껍질, 낙엽, 나무 밑동, 동물의 사체 등 죽어 가는 생물에 기생해서 살면서, 죽은 생물로부터 영양분을 얻어요. 영양분을 얻는 과정에서 생물들의 사체를 아주 작은 조각으로 분해하고, 점점 더 썩게 해서 흙을 기름지게 만들지요. 그래서 버섯과 같은 생물을 '분해자'라고 해요. 만약 버섯과 같은 분해자가 없다면 자연은 죽은 동식물의 사체로 가득 찰 거예요. 생각만 해도 아찔하지요.

우린 식물이 아니야!

식물의 과거와 현재

지구에 식물이 살기 시작한 것은 약 4억 3000만 년 전이라고 추측하고 있어요. 이때 나타난 식물은 크기도 작고 매우 단순했어요. 오늘날 우리가 볼 수 있는 식물과는 전혀 다른 모습이었지요. 대부분의 식물은 그때까지도 잎이 없었고, 몇몇 식물에만 작은 침 같은 돌기가 있었어요.

3억 6000만 년에서 2억 9000만 년 전에는 늪지대와 강가, 호숫가에 습기를 좋아하는 석송이나 고사리 같은 **양치식물**이 번성했는데, 이 식물들은 구조가 간단하고 혼자 힘으로 싹을 틔우는 **홀씨**로 번식을 했지요. 시간이 지나 기후가 변하고 늪지대가 마르면서, 건조한 곳에서 잘 살 수 있는 소철이나 은행나무와 같은 **겉씨식물**이 번성했어요. 이때부터 식물들은 주로 홀씨보다 구조가 더 발전한 씨로 번식을 하게 되었지요.

약 6500만 년 전부터는 씨방이 있어 씨를 보호할 수 있는 **속씨식물**이 번성했어요. 이렇게 식물들은 계속 진화를 해서 지금과 같은 모습이 되었답니다. 은행나무 같은 몇몇 식물은 처음 나타났을 때부터 지금까지 그 모습이 거의 변하지 않았지만, 대부분의 식물은 처음과 그 모습이 많이 달라졌어요. 아주 오래전에 사라진 식물들은 화석을 통해서만 그 모습을 추측할 수 있답니다.

양치식물
양분이나 물을 운반하는 관다발은 있지만 꽃이 피지 않고 홀씨로 번식하는 식물의 총칭.

홀씨
포자라고도 부른다. 양치식물이나 이끼 또는 버섯이나 곰팡이가 만드는 생식세포.

겉씨식물
씨앗이 될 밑씨가 씨방에 싸여 있지 않고 밖으로 드러나 있는 식물.

속씨식물
씨앗이 될 밑씨가 씨방에 싸여 있는 식물.

3억 6000만~2억 9000만 년 전에는 늪지대와 강가, 호숫가에 습기를 좋아하는 석송(오른쪽 위)이나 고사리(왼쪽 위)가 번성했는데 시간이 지나 기후가 변하면서 건조한 곳에서 잘 살 수 있는 소철(왼쪽 아래), 은행나무(오른쪽 아래)가 번성했어요.

식물이 모여 사는 마을
숲

오염된 도시에 다녀왔더니 목이 아파. 역시 신선한 공기가 가득한 숲이 최고야!

오늘도 얼마나 많은 사람들이 나의 아름다움에 빠져들까? 정말 식지 않는 이놈의 인기!

숲은 식물들이 함께 모여 사는 마을이에요. 사람들은 숲을 푸르게 가꾸기 위해 나무를 심고 쓰레기를 함부로 버리지 않는 등 많은 노력을 하지요. 숲이 우리에게 어떤 도움을 주는지 알아볼까요?

　첫째, 숲은 공기를 깨끗이 해 줘요. 사람들이 자동차를 타고 석탄이나 석유와 같은 화석 연료를 태우면 공기 중에 이산화탄소의 양이 점점 많아져요. 식물은 이산화탄소를 흡수하여 생물에게 꼭 필요한 산소로 바꾸어 주지요.

　둘째, 숲은 물의 양을 조절해서 홍수나 가뭄의 피해를 줄여 줘요. 흙 속에는 풀이나 나무의 뿌리들이 촘촘히 뻗어 있어요. 이런 뿌리와 흙 사이에는 작은 공간들이 많아요. 여름에 많은 비가 한꺼번에 내릴 때는 이 공간에 물이 스며들어 흙 속에 물이 저장되지요. 저장된 물은 계곡으로 천천히 흘러나오기 때문에 비가 오지 않을 때는 가뭄의 피해를 줄여 줘요.

　셋째, 나뭇잎은 공기 중에 떠다니는 미세 먼지나 이산화황 등의 오염 물질을 빨아들여요. 이런 오염 물질은 비가 내릴 때 빗물에 녹아 땅에 떨어졌다가 숲속을 흐르면서 정화되지요.

　넷째, 침엽수들이 내뿜는 피톤치드는 살균 작용과 마음을 안정시키는 작용을 하고, 숲에서 나오는 음이온은 피를 맑게 하고 혈액순환에 도움을 줘요.

　어때요? 숲이 우리에게 많은 도움을 주고 있다는 것을 알았죠. 앞으로 숲을 더욱 푸르게 보존하기 위해 열심히 노력하기로 해요.

식물 이름은 어떻게 지을까요?

식물은 주로 생김새나 쓰임새, 특징에 따라 이름을 붙여요. 그래서 이름만으로도 식물에 대한 정보를 알 수 있는 것들이 많지요.

애기똥풀은 잎과 줄기를 자르면 아기의 똥색 같은 즙이 나와서 이런 이름이 붙었어요. 노루귀는 땅속에서 털이 돋은 잎이 말려 나오는 모습이 노루의 귀처럼 생겨서 그렇게 부르지요. 국수나무는 어떨까요? 껍질도 속도 하얗고, 길게 늘어진 모습이 마치 국수처럼 보인다고 해서 붙은 이름이에요. 할미꽃은 꽃이 땅을 굽어보고 흰 털이 있어서 진짜 허리가 구부러지고 머리까지 하얗게 센 할머니처럼 보이기도 해요.

쓰임새에 따라 이름을 붙이기도 해요. 참빗살나무는 옛날에 쓰던 참빗의 재료가 되었던 나무이고, 옻나무는 가구나 나무 그릇에 윤을 내기 위해 옻칠을 하는 데 쓰였어요.

신갈나무의 유래는 아주 재미있어요. 옛날에 나무꾼들이 산속에서 신고 가던 짚신이 해지면 짚신 안에 신갈나무의 잎을 깔았대요. 그래서 '신을 간다'는 뜻에서 신갈나무라는 이름이 붙었지요.

허리가 구부러지고 머리가 하얀 할머니를 닮아 할미꽃이라고 불러요.

식물은 생김새나 쓰임새, 사는 곳, 특징에 따라 이름을 붙인단다.

갯메꽃

해안가에서 자라는 갯메꽃. 해안이나 계곡, 갯벌 등에 자라는 식물 이름에는 '갯'이 붙은 것이 많아요.

두메투구꽃

산지에 자라는 두메투구꽃. 높은 산지에서 자라는 식물 이름에는 '두메'를 붙여요.

갈퀴덩굴

줄기에 갈퀴같이 생긴 작은 가시털들이 나 있어서 갈퀴덩굴이라는 이름이 붙었어요.

털부처꽃

습지나 습지 주변에 자라는 털부처꽃. 줄기에 잔털이 나 있어 털부처꽃이라 불러요.

자작나무

생강나무

잎을 비비거나 줄기를 꺾으면 생강 냄새가 난다고 해서 생강나무라는 이름이 붙었어요.

깊은 산 속에서 자라는 자작나무는 껍질을 태울 때 자작자작 소리가 난다고 해요.

식물의 비밀을 밝힌 린네

세상에는 수많은 나라가 있고, 나라마다 쓰는 말도 달라요. 그래서 누구나 들으면 어떤 식물인지 알 수 있는 공통적인 이름이 필요하지요. 이 이름이 '학명'이랍니다. 이런 학명을 라틴어로 붙이는 규칙을 정하고 널리 쓰이게 한 사람이 바로 스웨덴의 식물학자인 린네예요. 라틴어는 일상생활에서 사용하지 않아서 세월이 지나도 단어가 바뀔 염려가 없거든요.

1707년, 스웨덴에서 태어난 린네는 어려서부터 식물에 관심이 많아서 작은 식물원을 관리하며 식물을 관찰한 내용을 꼼꼼하게 기록했어요. 1732년에는 유럽의 가장 북쪽에 있는 라플란드로 식물을 연구하러 갔지요. 가방에는 현미경, 망원경, 펜 말고도 총, 칼까지 챙겼어요. 총이나 칼은 왜 필요하냐고요? 평소에 보기 힘든 새로운 식물들을 발견하고 관찰하려면 언제 위험한 동물이 나올지 모르는 밀림 같은 곳까지 가야 하거든요. 이후 스웨덴으로 돌아온 린네는 라플란드의 식물에 관한 보고서를 냈고, 몇 년 후에 식물을 분류하는 체계를 제안하면서 오늘날까지 유명한 식물학자로 남았답니다.

> 학명으로 표현하면 누구나 같은 식물이라는 걸 알 수 있단다.

스웨덴 식물학자 린네. 린네는 학명을 붙이는 규칙을 정하고 널리 쓰이게 했어요.

식물 분류법
대공개!

식물학자들은 닮은 점이 있는지에 따라 식물을 분류해요. 예를 들어, 꽃이 있는지 없는지, 씨가 어디에 있는지, 떡잎의 개수가 몇 개인지 등에 따라 나눈답니다. 그럼 지금부터 함께 식물을 분류해 볼까요?

꽃식물과 민꽃식물

작은 이끼나 고사리에서부터 벼, 토끼풀, 떡갈나무, 감나무까지. 식물의 종류는 어마어마하게 많고, 특징도 저마다 달라요. 식물은 크게 둘로 나눌 수 있는데 그 기준이 바로 '꽃이 피는지, 피지 않는지'예요.

'식물이면 꽃이 피는 게 당연한 거 아니야?'라고 생각할 수도 있지만 이끼나 고사리처럼 꽃이 피지 않는 식물도 있답니다. 지구가 생기고 난 후 초기에 나타난 식물은 꽃이 피지 않았어요. 그러다가 꽃이 피는 식물이 나타났고, 꽃의 구조도 점점 복잡해져 갔어요. 이처럼 꽃이 피는 식물을 꽃식물이라고 해요. 지구상에 있는 식물은 대부분 꽃식물이지요. 나팔꽃, 사과, 봉숭아, 장미, 벼, 옥수수, 오이, 수박, 참외와 같은 꽃식물은 꽃가루를 만들고, 꽃가루받이를 통해 씨나 열매를 맺어서 번식해요.

꽃이 피지 않는 식물을 민꽃식물이라고 해요. 고사리나 이끼 등이 민꽃식물이에요. 꽃이 피지 않기 때문에 씨를 만들지 않고 대신 홀씨로 번식을 해요. 꽃식물보다 진화가 덜 된 식물이랍니다.

나팔꽃(왼쪽)과 봉숭아(오른쪽) 같은 꽃식물은 꽃가루를 만들고, 꽃가루받이를 통해 씨나 열매를 맺어 번식해요.

우산이끼 같은 민꽃식물은 꽃이 피지 않기 때문에 씨를 만들지 않고 홀씨로 번식해요.

3장 초록빛 식물의 비밀 · 51

겉씨식물과 속씨식물

꽃식물은 겉씨식물과 속씨식물로도 나눌 수 있어요. 겉씨식물은 씨방이 없어서 밑씨가 밖으로 드러나 있는 식물이에요. 소나무, 은행나무, 소철 등 대부분의 침엽수가 겉씨식물에 속해요. 겉씨식물은 주로 꽃가루를 바람에 날려서 수정을 하지요.

겉씨식물은 속씨식물보다 먼저 나타난 식물이에요. 겉씨식물 중에서도 소철이나 은행나무는 2억 년 전부터 있었던 원시적인 겉씨식물로 한때는 넓은 지역에 걸쳐 무성하게 자랐어요. 사람들이 지구에 나타나기 훨씬 전부터 공룡과 함께 살았고, 지금까지도 살아 있는 식물계의 조상

겉씨식물인 소나무는 씨방이 없어서 밑씨가 밖으로 드러나 있어요.

나는 씨가 자랑스러워서 밖으로 내놓잖아. 너는 왜 감춰? 씨가 부끄럽니?

부끄러운 게 아니라 씨를 안전한 곳에 보호하기 위해 숨겨 놓는 거야!

감나무는 밑씨가 씨방에 둘러싸여 있는 속씨식물이에요.

이라고 할 수 있답니다.

  이에 비해 속씨식물은 밑씨가 씨방에 둘러싸여 있는 식물이에요. 지구상에 있는 식물 중 절반 이상이 속씨식물이랍니다. 속씨식물이 꽃가루받이를 하면 밑씨는 씨가 되고, 씨방은 열매가 되어요. 그래서 씨방이 밑씨를 둘러싸는 것처럼 열매가 씨를 둘러싸 보호하지요. 속씨식물의 크기는 매우 다양해요. 가장 작은 속씨식물인 개구리밥은 길이가 약 5㎜예요. 한편 가장 큰 유카리나무는 키가 90m가 넘는답니다.

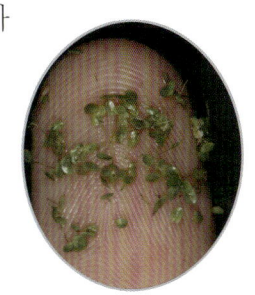

개구리밥은 길이가 약 5㎜로 속씨식물 중 가장 작아요.

유카리나무는 다 자라면 90m가 넘는 가장 큰 속씨식물이에요.

쌍떡잎식물과 외떡잎식물

속씨식물은 떡잎의 수에 따라 다시 쌍떡잎식물과 외떡잎식물로 나뉘어요. 쌍떡잎식물은 씨가 싹틀 때 떡잎이 두 장 나는 식물이고, 외떡잎식물은 떡잎이 한 장 나는 식물이에요. 속씨식물 중에도 쌍떡잎식물이 4분의 3 정도를 차지하고 있으니, 지구에 있는 식물 중 가장 많은 종류가 바로 쌍떡잎식물이지요.

쌍떡잎식물과 외떡잎식물은 뿌리나 잎의 모양이 달라요. 쌍떡잎식물은 가운데에 굵은 원뿌리가 나 있고, 굵은 뿌리 주변으로 가는 뿌리인 곁뿌리가 많이 나 있어요. 반면 외떡잎식물 뿌리는 꼭 긴 수염이 나 있는 것처럼 보여 수염뿌리라고 해요.

쌍떡잎식물

떡잎이 두 장이에요.

잎맥이 그물 모양(그물맥)을 이뤄요.

꽃잎의 수가 4나 5의 배수예요.

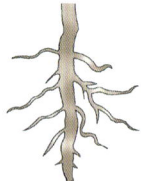
원뿌리와 곁뿌리가 발달했어요.

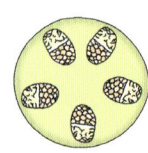
줄기 속의 관다발이 고리 모양으로 늘어서 있어요.

쌍떡잎식물인 강낭콩은 원뿌리와 곁뿌리가 발달하고, 잎맥이 그물 모양이에요.

쌍떡잎식물과 외떡잎식물은 잎 모양도 달라요. 쌍떡잎식물인 강낭콩의 잎은 둥글고 넓적해요. 잎맥은 잎 전체에 그물처럼 퍼져 있는 그물맥을 이루지요. 하지만 외떡잎식물의 잎은 가늘고 긴 편이에요. 잎맥도 길쭉한 잎을 따라 세로로 나란히 뻗어 있는 나란히맥이에요.

줄기를 가로로 잘라서 현미경으로 보면 차이점을 또 알 수 있어요. 쌍떡잎식물은 줄기의 바깥쪽은 체관, 줄기의 안쪽은 물관으로 이루어진 관다발이 줄기에 빙 둘러 있어요. 외떡잎식물도 물관과 체관이 있지만, 관다발이 줄기의 여기저기에 흩어져 있지요.

쌍떡잎식물과 외떡잎식물은 꽃잎의 수도 달라요. 쌍떡잎식물은 꽃잎의 수가 4나 5의 배수이고, 외떡잎식물은 꽃잎이 없거나 꽃잎 수가 3의 배수랍니다.

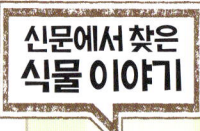

도심 속 오아시스, 도시 정원 열풍!

 도시라고 하면 회색 빌딩 숲이 가득한 곳이라는 이미지가 머릿속에 떠오르죠? 하지만 최근에는 건물 옥상에 콘크리트 대신 녹색 식물이 자라고 있대요. 무슨 말이냐고요? 건물 옥상에 나무나 꽃을 심어 많은 사람이 쉴 수 있는 훌륭한 휴식 장소를 만드는 거예요. 이게 바로 옥상 정원이에요. 옥상 정원에 오이나 토마토 같은 농작물을 심으면 수확해 먹을 수도 있으니 일석이조지요.

 옥상 정원의 가장 큰 장점은 따로 있어요. 옥상에 정원을 만든 서울 시내 260개 건물의 여름철 실내 온도를 측정한 결과 옥상 정

옥상 정원

도시 텃밭

원이 없는 건물에 비해 온도가 0.2~0.5도 낮고, 습도는 2.8%가 높았다고 해요. 옥상에 심어진 식물이 햇빛을 막고, 식물의 증산 작용으로 건물의 온도를 낮춘 것이지요. 증산 작용은 잎의 뒷면에 있는 기공을 통해 물이 수증기로 빠져나가는 현상이에요. 이렇게 옥상에서 식물이 자라는 것만으로도 냉방비를 줄일 수 있다니 정말 대단하죠?

건물 옥상 말고도 도시에 있는 아파트나 주택에서 텃밭을 가꾸는 사람도 많아졌어요. 아파트에서는 베란다를 이용하고, 일반 주택에서는 자투리 공간에 화분이나 스티로폼을 이용해 텃밭을 꾸밀 수 있지요. 이런 도시 텃밭에서는 방울토마토나 고추, 상추, 새싹 채소 등을 쉽게 기를 수 있어요. 이렇게 기른 채소는 직접 내 손으로 키운 만큼 더욱 안심하고 먹을 수 있겠죠?

마을 사람들이 함께 모여 도시 텃밭을 공동으로 가꾸기도 해요. 여럿이 함께 텃밭을 가꾸고 수확한 농산물을 판매하기도 하지요. 판매해서 번 수익금은 어려운 이웃을 돕는 데 사용한다니 정말 기특한 텃밭이죠? 여러분도 도시 텃밭을 가꾸고 싶다면 부모님과 함께 집 베란다에서 상추를 키우는 것부터 시작해 보세요. 식물을 정성들여 키우다 보면 어느덧 어린이 농부가 되어 있을 거예요.

4장 알쏭달쏭 식물 속이 궁금해요!

같은 식물이지만 봉숭아는 키가 작고 줄기가 연하고, 밤나무는 키가 크고 줄기가 굵어요.

나팔과 비슷하게 생긴 나팔꽃은 다른 식물을 감고 올라가면서 자라지요.

이렇게 식물마다 꽃의 모양, 줄기의 굵기와 뻗는 모습, 잎의 크기와 생김새가 모두 달라요.

하지만 공통점도 있어요. 뿌리, 줄기, 잎으로 이루어져 있다는 거죠.

모두 식물이 자라는 데 꼭 필요한 기관이에요.

땅속에 있는 식물 뿌리는 어떤 일을 할까요? 또, 줄기는 어떻게 생겼을까요?

지금부터 신기한 식물의 기관에 대해 알아보아요.

물과 양분을 흡수하는
뿌리

　식물이 잘 자랄 수 있는 것은 모두 땅속에 있는 뿌리 덕분이에요. 식물은 동물처럼 먹을 것을 찾아 돌아다닐 수 없어요. 따라서 한 번 싹을 틔우고 뿌리내린 자리에서 평생 살면서 흙 속에서 필요한 물과 무기 양분을 모두 얻어야 해요. 땅속에 흐르는 물이나 하늘에서 내리는 빗물은 식물이 자라는 데 꼭 필요한 존재지요. 무기 양분은 에너지를 낼 수는 없지만 식물이 자랄 때 꼭 필요한 양분이랍니다. 나뭇잎이 떨어지거나 동물이나 식물이 죽어서 썩으면 식물에게 아주 유용한 무기 양분이 돼요. 이 물과 무기 양분을 빨아들여 줄기와 잎으로 보내는 일을 하는 것이 바로 뿌리예요.

뿌리의 구조는?

　뿌리를 잘 살펴보면 굵은 원뿌리, 곁으로 많이 나 있는 곁뿌리와 실처럼 가늘고 부드러운 뿌리털을 볼 수 있어요. 이렇게 수많은 뿌리는 흙과 닿는 면적을 넓혀 물과 무기 양분을 빠르게 많이 흡수한답니다.

　뿌리의 끝부분에는 생장점이 있어요. 생장점은 뿌리가 자라게 해 주는 아주 중요한 일을 하기 때문에 생장점을 다치면 뿌리가 더 자라지 못하지요. 그래서 뿌리의 끝에는 뿌리골무가 있어 생장점이 다치지 않도록 보호해 준답니다. 식물은 뿌리 끝과 줄기 끝에 생장점이 있기 때문에 뿌

원추리 뿌리

뿌리는 물과 양분을 먹는 식물의 입이야.

뿌리의 구조

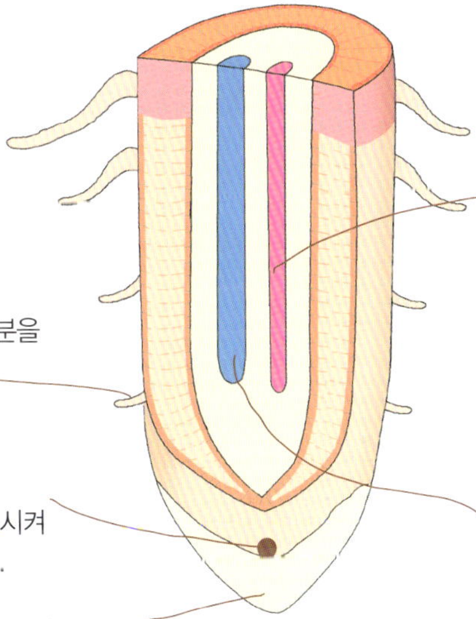

체관
잎에서 만들어진 영양분이 뿌리로 내려오는 길이에요.

뿌리털
흙 속에서 물과 무기 양분을 빨아들여요.

생장점
세포를 활발하게 분열시켜 뿌리가 자라도록 해요.

물관
물과 무기 양분이 줄기와 잎으로 올라가는 길이에요.

뿌리골무
뿌리의 맨 끝부분에 있으면서 생장점을 보호해요.

리도 계속 자라고 줄기도 계속 자라요. 그래서 식물은 죽을 때까지 계속 자란답니다.

특이한 모양의 뿌리들

당근, 고구마, 무 등은 열매가 아니라 뿌리예요. 이런 뿌리를 저장뿌리라고 하는데, 뿌리에 영양분을 저장해 두기 때문에 다른 식물에 비해 훨씬 굵어진 거예요.

뿌리의 종류에는 저장뿌리 외에도 기생뿌리, 물뿌리, 부착뿌리, 버팀뿌리, 호흡뿌리 등 여러 종류가 있어요. 기생뿌리는 다른 식물에 기생해서 살기 위해 내리는 뿌리예요. 대표적인 기생뿌리 식물인 겨우살이는 참나무, 팽나무, 밤나무 등의 나뭇가지에 빨대 모양으로 생긴 기생뿌리를 박고, 줄기 속을 지나는 물과 무기 양분을 빨아먹어요. 겨우살이는 햇빛을 받아 스스로 영양분을 만들기도 하기 때문에 참나무나 팽나무를 죽이지는 않는답니다.

물뿌리

담을 타고 자라는 담쟁이덩굴.
부착뿌리가 있는 담쟁이덩굴은
딱딱한 벽에도 단단하게 붙어서
잘 자라요.

부착뿌리 덕분에
건물 위로 위로
올라갈 수 있어.

부착뿌리

　물뿌리는 개구리밥이나 부레옥잠처럼 물에 사는 식물에서 볼 수 있어요. 물속으로 길게 뻗어 있는 뿌리 전체로 물속에 있는 무기 양분을 흡수하지요. 물뿌리는 식물이 뒤집어지지 않고 물에 잘 떠 있도록 받쳐 주는 일도 한답니다.

　부착뿌리는 어딘가에 달라붙는 뿌리예요. 보통 뿌리는 땅속으로 자라지만, 부착뿌리는 담장이나 바위 등 다른 물체에 달라붙어요. 담쟁이덩굴이 부착뿌리를 가진 대표적인 식물이에요. 담쟁이덩굴은 줄기의 군데군데에서 뿌리를 내는데, 뿌리 끝이 자라면서 둥글고 납작한 빨판으로 변해요. 담쟁이덩굴의 빨판은 벽에 단단히 붙어서 잘 떨어지지 않지요.

　버팀뿌리는 식물이 쓰러지지 않도록 단단하게 받쳐 주는 뿌리예요. 옥

맹그로브

호흡뿌리를 가진 맹그로브는 뿌리로 숨을 쉬기 위해 대부분의 뿌리가 물 밖으로 나와 있어요.

호흡뿌리

수수처럼 키가 크고 줄기가 비교적 가는 식물에서 볼 수 있어요. 옥수수는 보통 식물처럼 땅속으로 자라는 뿌리가 있지만 뿌리가 땅속 깊이 뻗지 않고 가늘기 때문에, 땅속의 뿌리만으로는 키가 큰 옥수수가 서 있기 힘들어요. 그래서 옥수수에는 땅속으로 자라는 뿌리 외에도, 땅과 닿는 곳에 있는 줄기에서 굵은 버팀뿌리들이 뻗어 나와 땅속에 단단히 뿌리를 박아요. 줄기 둘레로 둥글게 나온 굵은 뿌리는 버팀대처럼 옥수수가 쓰러지지 않도록 받쳐 주지요.

호흡뿌리는 뿌리가 밖으로 드러나 있어서 호흡을 할 수 있는 뿌리예요. 주로 바위나 물가에 사는 식물에서 볼 수 있어요. 맹그로브는 진흙이 많은 갯벌이나 바닷가에서 자라기 때문에 땅속에 있는 뿌리로는 숨을 쉬기 힘들어요. 진흙에는 산소가 거의 없거든요. 그래서 맹그로브는 뿌리 중 대부분을 물 밖으로 드러내고 있어요. 갯벌에서 물이 빠지거나, 파도가 밀려 나갈 때 밖으로 드러난 뿌리로 숨을 쉰답니다.

식물 상식

감자는 뿌리일까? 줄기일까?

우리가 자주 먹는 감자는 고구마처럼 뿌리라고 생각하기 쉬워요. 하지만 놀랍게도 감자는 뿌리가 아니라 줄기랍니다. 땅속줄기가 자라서 굵어져 감자가 된 것이지요. 이런 줄기를 덩이줄기라고 해요. 감자를 햇볕에 오래 두면 초록색으로 변하죠? 이것은 감자가 줄기라는 증거랍니다.

길쭉길쭉 꼬불꼬불
줄기

키가 아주 크고 줄기도 무척 굵은 느티나무와 가늘고 키도 작은 봉숭아에도 공통점이 있어요. 모두 뿌리에서 시작해 잎까지 연결된 물과 양분의 이동 통로가 있다는 점이에요. 이 통로를 각각 물관과 체관이라고 해요.

줄기의 구조

물관은 뿌리에서 흡수한 물과 무기 양분이 이동하는 길이고, 체관은 잎에서 만든 영양분이 줄기와 뿌리로 이동하는 길이에요. 식물이 자라고 꽃을 피우고 열매를 맺으려면 물과 양분이 꼭 필요해요. 줄기는 식물에게 필요한 물과 양분을 운반하는 중요한 일을 하지요. 줄기 속에는 물관과 체관 외에도 부름켜라는 기관이 있어요. 부름켜는 식물의 줄기가 커지게 하는 일을 해요. 부름켜에 있는 세포가 분열하면서 줄기가 굵어지지요. 부름켜가 없는 식물도 있어요. 벼의 줄기 속에는 부름켜가 없어 소나무처럼 줄기가 굵어지지 않아요. 하지만 모든 식물의 줄기 끝에는 생장점이 있기 때문에 길이는 계속 자란답니다.

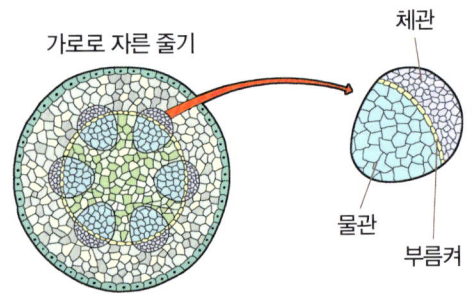

특이한 모양의 줄기

모양이 특별한 줄기도 있어요. 포도나무는 딱딱한 나무줄기에서 가지가 변한 덩굴손이 나와요. 호박도 줄기에서 가늘고 끝부분이 꼬불꼬불 말려 있는 덩굴손이 나오지요. 덩굴손이 있는 식물은 대부분 줄기가 가늘어서 줄기만으로는 몸을 지탱하기가 힘들어요. 포도나무 줄기는 풀줄기보다 더 단단하지만, 무거운 열매라도 맺히면 휘청휘청하거나 쓰러지기 쉽지요. 그래서 덩굴손을 내서 식물이 쓰러지지 않고 잘 지탱할 수 있도록 돕는답니다. 이런 식물들은 덩굴손을 뻗다가 적절한 물체를 발견하면 용수철처럼 둘둘 감아 올라가요. 그래서 바람이 세게 불어도 덩굴손이 끊어지지 않고 줄기와 열매를 보호하지요.

나팔꽃이나 박주가리 같은 덩굴 식물의 줄기는 가늘고 얇아요. 그래서 쓰러지지 않기 위해 다른 식물이나 주변에 있는 물체를 감고 올라가면서 자라요. 이런 줄기를 덩굴줄기라고 해요. 나팔꽃은 늘 시계 반대 방향으

나팔꽃은 줄기가 감는 방향을 반대로 돌려놓아도 시간이 지나면 다시 원래 방향을 찾아가요.

뿌리줄기인 가새잎개갓냉이 줄기.

로 돌면서 감고 올라가지만, 박주가리는 늘 시계 방향으로 돌면서 감고 올라간답니다. 더덕처럼 감는 방향이 일정하지 않은 식물도 있어요.

줄기가 땅속에 있다고?

줄기 중에는 땅속으로 자라는 줄기도 있는데 이런 줄기를 땅속줄기라고 해요. 땅속줄기에는 비늘줄기, 덩이줄기, 뿌리줄기 등이 있어요.

양파나 튤립, 백합의 줄기는 비늘줄기예요. 양파 가운데에 있는 딱딱한 부분이 자라서 줄기가 되는 부분이고, 그 주변을 둘러싸고 있는 여러 겹의 껍질이 양분을 저장하고 있는 잎이에요. 이 모든 것을 통틀어 비늘줄기라고 해요.

감자처럼 땅속줄기의 일부에 양분이 저장되어 굵은 덩어리 모양으로 변한 것도 있어요. 이와 같은 줄기를 덩이줄기라고 해요. 쇠뜨기는 땅속줄기가 작은 뿌리처럼 뻗어서 자라는 뿌리줄기예요. 이외에도 선인장을 보면 줄기가 매우 두꺼운데, 이런 선인장의 줄기를 살줄기라고 하지요. 건조한 곳에 사는 선인장은 두꺼운 줄기에 물을 저장해 두고 살아요.

기둥선인장. 선인장은 두꺼운 살줄기에 물을 저장할 수 있어요.

나이테에는 ○○이 숨어 있다고요?

잘린 나무 줄기를 보면 둥근 원 모양이 여러 개 있는 것을 볼 수 있어요. 바로 나이테예요. 나이테가 생기는 이유는 부름켜 때문이에요. 봄부터 여름까지는 햇빛이 강하고 물도 충분해서 나무가 자라기 좋은 환경이에요. 그래서 부름켜의 세포 분열이 활발해 나무가 잘 자라지요. 하지만 가을부터는 햇빛이 적고 기온도 낮아지면서 나무가 자라는 속도가 느려져요. 나이테에 있는 진한 색 원은 나무가 잘 자라지 못한 가을부터 겨울 사이에 만들어지는 거예요. 우리나라처럼 사계절이 분명한 나라에서는 일 년에 하나씩 고리 모양의 나이테가 생겨요. 그래서 나이테의 수를 세어 보면 나무의 나이를 짐작할 수 있지요.

나이테로 나이 외에 또 무엇을 알 수 있을까요? 나이테를 자세히 살펴보면 나이테의 폭이 유난히 넓은 해도 있고, 폭이 좁은 해도 있어요. 비가 많이 오고 햇빛이 잘 들어 나무가 많이 자란 해에는 나이테의 폭이 넓고, 가뭄이 들거나 햇빛을 많이 받지 못한 해에는 성장이 더뎌 나이테의 폭이 좁지요. 그래서 나이테의 폭이 유난히 좁을 때는 그 해에 가뭄이 심하게 들었다는 걸 알 수 있어요. 이렇게 나무의 나이테를 관찰하면 강수량, 햇빛, 바람, 기온 등 옛날의 기후를 짐작할 수 있답니다. 또, 나이테의 상처 난 부분을 보고 산불이나 해충의 피해를 받았던 때까지 알 수 있다고 하니 나이테는 숲속의 산증인이라고 할 수 있겠지요.

잎은 햇빛을 좋아해요

한여름에 나무가 빽빽한 숲을 멀리서 보면 초록 물감을 풀어 놓은 것처럼 보여요. 수많은 나뭇잎 때문이지요. 식물마다 꽃과 줄기 색깔은 다른데 잎은 왜 모두 초록색일까요? 그 이유는 잎에 있는 초록색 색소인 엽록소 때문이에요. 이 색소는 엽록체라는 조그만 소기관에 들어 있는데, 식물이 살아가는 데 필요한 영양분을 만드는 광합성에 꼭 필요한 색소예요.

영양분을 만드는 광합성

식물이 영양분을 만들려면 무엇이 필요할까요? 우선 햇빛이 필요해요. 잎이 햇빛을 받으면 엽록소에서 빛 에너지를 흡수해서 광합성에 필요한

잎의 겉모양

턱잎, 잎자루, 잎맥

에너지원으로 써요. 광합성을 하려면 물도 필요해요. 필요한 물은 뿌리에서 흡수해서 물관을 통해 잎까지 가지요.

마지막으로 이산화탄소가 있어야 해요. 잎 뒷면에는 맨눈으로는 보이지 않는 작은 구멍인 기공이 무수히 많아요. 공기 중의 이산화탄소는 기공을 통해 잎으로 들어오지요. 햇빛, 물, 이산화탄소를 이용해 만든 영양분은 체관을 통해 뿌리, 줄기, 잎, 열매 등으로 보내져서 식물이 자라고, 잎을 더 많이 만들고, 꽃을 피우고, 열매를 맺는 데 쓰이지요.

식물이 광합성을 하는 과정에서 생물이 사는 데 꼭 필요한 산소가 만들어진답니다. 이렇게 만들어진 산소는 기공을 통해서 공기 중으로 나가고, 이 산소로 우리가 숨을 쉴 수 있지요.

잎의 광합성 작용

잎은 이산화탄소, 물, 햇빛을 이용해 영양분과 산소를 만드는 광합성 작용을 해요.

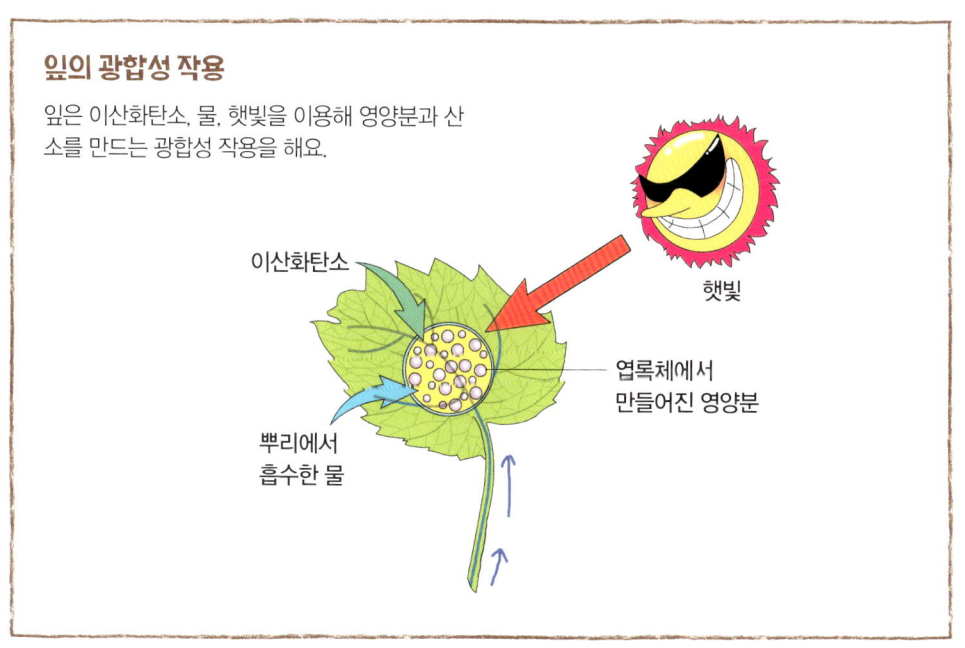

물을 뿜어내는 증산 작용

광합성을 하는 데 쓰고 남은 물은 수증기 형태로 밖으로 내보내 져요. 이것을 증산 작용이라고 해요. 증산 작용을 하기 때문에 뿌리에서 흡수한 물을 위쪽으로 끌어올릴 수 있다는 사실, 잊지 않았죠?

뜨거운 여름날에는 다 자란 해바라기의 잎에서 하루 1L의 수분이 증발하고, 자작나무 한 그루에서는 70L 정도의 수분이 증발하지요.

한여름 대낮에는 햇볕이 뜨겁기 때문에 기공을 열어 두면 수증기가 한꺼번에 너무 많이 빠져나갈 수 있어요. 그래서 기공을 닫아 잠깐 동안 증산 작용을 하지 않아요. 식물은 이렇게 온도나 바람, 공기 중의 습기 등에 따라 기공을 여닫아서 식물 내 수분의 양을 조절한답니다.

수증기가 빠져나갈 때에는 열도 함께 빠져나가기 때문에 잎 주변의 온도가 낮아져요. 그래서 숲이 시원해요. 실제로 나무와 숲이 많은 곳은 도시 중심부보다 3~4℃ 정도 낮답니다.

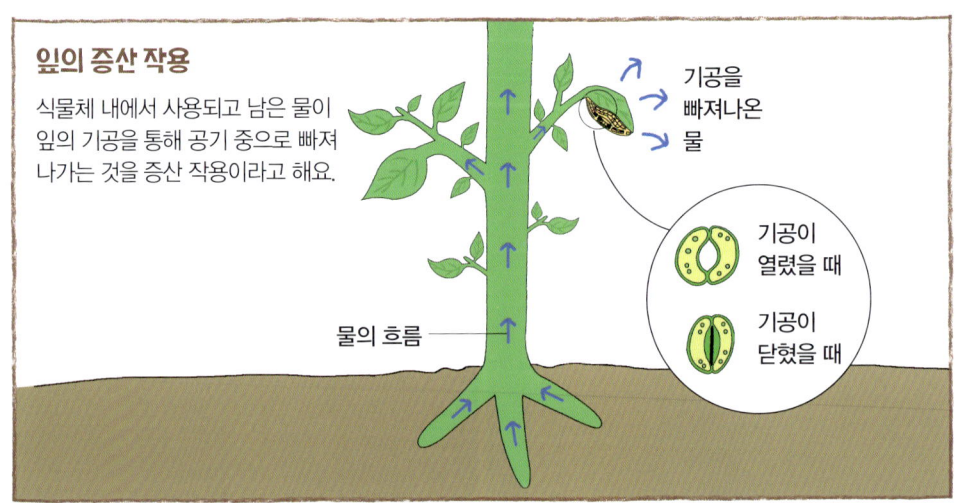

잎의 증산 작용
식물체 내에서 사용되고 남은 물이 잎의 기공을 통해 공기 중으로 빠져나가는 것을 증산 작용이라고 해요.

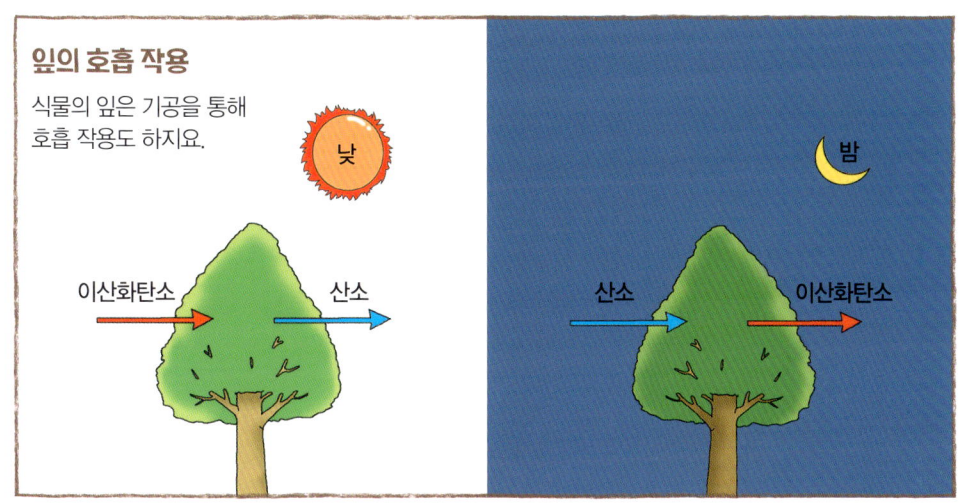

잎의 호흡 작용
식물의 잎은 기공을 통해 호흡 작용도 하지요.

식물도 숨을 쉰다! 호흡 작용

사람이 숨을 쉬어야 살 수 있는 것처럼 식물도 숨을 쉬어야 살 수 있어요. 식물도 숨을 쉴 때는 사람처럼 산소를 흡수하고 이산화탄소를 내보내요. 식물은 낮 동안에는 광합성과 호흡을 동시에 해요. 그러나 호흡에 사용되는 산소의 양보다 광합성을 해서 내보내는 산소의 양이 더 많기 때문에 낮에는 이산화탄소를 흡수하고 산소를 내보내는 것처럼 보이지요. 하지만 밤에는 햇빛이 없기 때문에 광합성을 하지 않고 호흡만 해요. 이때 기공을 통해 산소를 흡수하고 이산화탄소를 내보낸답니다.

모양도 다양해!

식물마다 잎의 모양은 가지가지예요. 플라타너스나 참나무 잎처럼 넓은 잎이 있는가 하면 소나무나 전나무 잎처럼 바늘 모양으로 뾰족하게 생긴 잎도 있어요. 단풍나무 잎처럼 여러 갈래로 갈라진 잎, 은행나무 잎처

럼 부채 모양으로 생긴 잎, 대나무 잎처럼 가늘고 긴 잎 등 다양하답니다.

하지만 겉모습만 봐서는 잎이라고 생각하지 못하는 잎들도 있어요. 완두가 다른 물체를 감고 있는 것을 본 적이 있나요? 잎의 끝부분에 가느다랗고 채찍처럼 생긴 덩굴손이 나뭇가지나 물체를 단단히 감고 있을 거예요. 완두의 덩굴손은 잎이 변한 거지요.

선인장에 있는 가시도 사실은 잎이 변한 거예요. 물을 얻기는 힘들고 햇볕은 쨍쨍 내리쬐는 무더운 사막 지역에서 잎이 넓으면 수분을 빼앗겨 말라 죽을 수 있어요. 그래서 선인장은 부족한 물을 빼앗기지 않으려고 잎이 가시처럼 변했어요.

잎에 양분을 저장하는 식물도 있어요. 벗겨도 벗겨도 또 벗겨지는 양파의 여러 겹 껍질이 바로 양분을 저장한 잎이랍니다. 크리스마스 때에 집안을 예쁘게 장식하는 포인세티아의 붉은 부분은 꽃처럼 보이지만 사실은 잎이에요. 잎의 모양도 역할도 정말 다양하지요.

사막에서 자라는 통선인장은 부족한 물을 지키기 위해 잎이 가시처럼 변했어요.

포인세티아의 잎은 꽃처럼 빨갛고 예쁘게 생겼답니다.

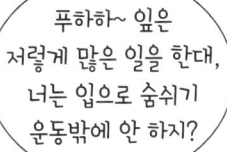

푸하하~ 잎은 저렇게 많은 일을 한대, 너는 입으로 숨쉬기 운동밖에 안 하지?

꽃 속에 씨가 있다고요?

식물이 꽃을 피우는 건 씨를 맺어 자손을 퍼뜨리기 위해서예요. 꽃 속에는 씨를 맺는 데 꼭 필요한 조직들이 들어 있어요. 다양한 색깔, 달콤한 향기와 꿀을 만드는 까닭도 벌이나 나비 같은 곤충을 끌어들여 번식을 하기 위해서랍니다.

꽃의 구조

꽃은 대개 암술, 수술, 꽃잎, 꽃받침으로 이루어져 있어요. 암술은 암술머리, 암술대, 씨방으로 이루어져 있지요. 암술머리는 암술의 맨 꼭대기에 있는 부분으로 꽃가루를 받는 부분이에요. 길쭉한 빨대처럼 생긴 암술대는 암술머리와 씨방을 연결하는 부분이에요. 꽃의 아래쪽에 있는

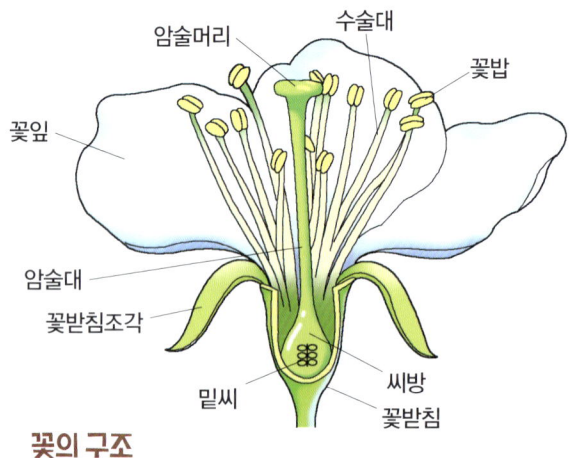

꽃의 구조

씨방 속에는 장차 씨가 될 밑씨가 한 개 또는 여러 개가 들어 있는데 식물마다 그 수가 달라요.

수술은 꽃밥과 수술대로 이루어져 있어요. 꽃밥에서는 꽃가루가 만들어지고, 긴 자루처럼 생긴 수술대는 꽃밥을 지탱하고 있지요. 수술에서 만드는 꽃가루가 암술머리에 닿아야 씨를 만들 수 있어요. 꽃잎과 꽃받침은 잎이 변해서 된 것으로 암술과 수술을 보호하는 일을 해요. 꽃잎은 다양하고 아름다운 색깔로 곤충을 끌어들이는 일도 하지요.

꽃의 분류

나팔꽃, 벚꽃, 철쭉꽃, 진달래꽃처럼 암술, 수술, 꽃잎, 꽃받침 네 부분을 모두 갖추고 있는 꽃을 갖춘꽃이라고 해요. 그리고 호박꽃, 둥굴레꽃처럼 네 부분 중 하나 이상 없는 꽃은 안갖춘꽃이라고 한답니다.

암술이나 수술 중 어느 하나만 있는 단성화도 있어요. 어떤 꽃에는 암술만 들어 있고, 어떤 꽃에는 수술만 들어 있지요. 예를 들어 호박꽃이나 오이꽃, 밤꽃 등은 암술만 있는 암꽃과 수술만 있는 수꽃이 한 그루 안에 떨어져서 피어 있어요. 호박밭에 가보면 꽃이 똑같이 피어 있

암술과 수술, 꽃잎, 꽃받침 네 부분을 모두 갖춘 철쭉꽃은 갖춘꽃이에요.

둥굴레꽃은 꽃받침이 없어 안갖춘꽃에 속해요.

지만 어떤 꽃 밑에는 작은 호박처럼 생긴 둥근 열매가 달린 것을 볼 수 있어요. 둥근 열매가 달린 꽃은 암꽃, 달려 있지 않은 꽃이 수꽃이에요. 이렇게 한 식물 안에 암꽃과 수꽃이 모두 있지만 떨어져서 있으면 '암수한그루'라고 해요. 이에 비해 버드나무는 암꽃만 피는 나무와 수꽃만 피는 나무가 있어요. 이런 식물을 '암수딴그루'라고 해요.

또, 꽃잎이 붙어 있는지 떨어져 있는지에 따라 꽃을 통꽃과 갈래꽃으로 나누기도 해요. 꽃잎이 모두 붙어서 통으로 되어 있으면 통꽃이라고 하고, 꽃잎이 한 장씩 떨어져 있으면 갈래꽃이라고 해요. 도라지꽃, 호박꽃, 민들레꽃 등은 통꽃이고, 채송화꽃, 벚꽃, 냉이꽃, 딸기꽃 등은 갈래꽃이지요.

그런데 민들레꽃은 꽃잎이 떨어져 있는 갈래꽃처럼 보이는데 왜 통꽃이라고 할까요? 우리가 민들레의 꽃잎이라고 생각하는 부분이 사실은 낱낱의 꽃이랍니다. 수많은 꽃이 한데 모여 있는 셈이지요. 민들레의 노란 꽃잎을 하나 뜯어 보면 그 속에 암술과 수술이 들어 있어요. 꽃잎처럼 보이지만 꽃잎 하나로 이루어진 통꽃이지요.

호박꽃 암꽃(위쪽)과 수꽃(아래쪽). 호박꽃은 암술이 있는 암꽃과 수술이 있는 수꽃이 따로 있는 안갖춘꽃이에요.

꽃잎이 모두 붙어 있는 꽃은 통꽃, 한 장씩 떨어져 있는 꽃은 갈래꽃이라고 한단다.

아～

민들레꽃은 겉보기에 꽃잎이 한 장씩 떨어져 있는 것 같지만, 자세히 보면 꽃잎이 통으로 이루어진 통꽃이에요.

갈래꽃인 벚꽃은 꽃잎이 한 장씩 떨어져 있어요.

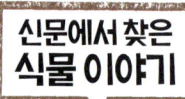

신문에서 찾은
식물 이야기

공기 정화 식물 BEST 5

미국항공우주국(NASA)에서는 우주 공간에서 완전히 밀폐된 우주선 안의 공기를 정화하기 위한 방법을 연구하고 있었어요. 15년 이상 연구한 결과 우주선의 공기를 맑게 하기 위해 식물을 활용하기로 했답니다. 인체에 해로운 오염 물질이 있는 밀폐된 공간에 12개 정도의 식물을 넣어 두었더니 24시간 이내에 80%의 폼알데하이드, 벤젠, 일산화탄소와 같은 실내 공기 오염 물질들이 제거되었기 때문이지요. 이렇게 나사의 실험을 거쳐 탄생한 공기 정화 식물 BEST 5를 만나 볼까요?

아레카야자는 야자 중에서도 품질이 뛰어나고 실내에서도 잘 자라요. 특히 약 1.8m 아레카야자의 경우 24시간에 1L의 수분을 증산 작용으로 뿜어내 아주 좋은 천연 가습기 역할도 한답니다.

관음죽은 일본 관음산에서 자라는 부채 모양 잎을 가진 식물을 말해요. 관음죽은 공기 정화 능력이 탁월할 뿐 아니라 병충해에 강해 키우기도 쉬워요. 특히 암모니아를 잘 흡수해 화장실에 두면 효과적이랍니다.

대나무야자는 대나무 모양의 줄기들이 모여 하나의 형태를 이루며 최대 1.8m까지 자란다고 해요. 실내 습도를 높이고 벤젠, 폼알데하이드 등을 제거하는 능력이 우수해서 새집 증후군 예방에 아주 좋다고 합니다.

인도고무나무는 공기 중에 있는 유독 가스를 잘 흡수하고 머리를 맑게 하는 효과가 있어요. 햇빛이 잘 들고 바람이 잘 통하는 곳에서 기르면 아주 잘 자란답니다. 넓은 잎 크기만큼 공기 정화 능력도 탁월해요.

드라세나 자넷 크레이그는 레몬라임 또는 황금죽이라고 부르기도 해요. 실내의 휘발성 유해 물질 중 트리클로로에틸렌을 잘 제거하는 식물로 유명하지요. 추위와 직사광선만 주의하면 집에서도 키우기 좋은 식물이에요.

5장 식물의 자손 번식 대작전!

남자와 여자가 만나 아기를 만들듯이 꽃이 피는 식물도 수술과 암술이 있어야
씨를 맺을 수 있어요. 수술의 꽃가루가 암술과 만나야 자손을 번식시킬 수 있지요.

하지만 냉혹한 자연 생태계에는 꽃가루가 암술에 가기까지 넘어야 할 장애물이
아주 많답니다. 그래서 식물은 온갖 지혜를 짜내요.

우여곡절 끝에 꽃가루와 암술이 만나서 씨를 만들었다고 해도
씨를 싹 틔우고 살아남게 하려면 많은 노력이 필요해요.

그럼 지금부터 식물들이 자손을 번식시키기 위해 어떤 작전을 쓰는지 함께 알아봐요!

미션!
꽃가루 옮기기!

"얘들아 도와줘!" 무슨 소리냐고요? 바로 식물이 곤충과 새에게 도움을 구하는 소리예요. 씨가 만들어지려면 수술에서 만들어진 꽃가루가 암술머리에 달라붙어야 해요. 꽃가루가 암술머리에 달라붙는 것을 꽃가루받이라고 하지요. 식물은 움직이지 못하기 때문에 곤충, 새, 물, 바람 등의 도움을 받아 꽃가루받이를 한답니다.

곤충의 도움을 받는 충매화

꽃가루를 옮길 때 가장 많은 도움을 받는 건 벌이나 나비 같은 곤충이에요. 벌이 꽃가루를 묻힌 채 다른 꽃으로 가서 앉으면 몸에 묻어 있던 꽃

충매화인 장미꽃의 꽃가루는 곤충의 몸에 잘 붙어요.

식물은 곤충, 새 등의 도움으로 꽃가루를 옮겨요.

밤에 피는 달맞이꽃은 주로 밤에 활동하는 나방이 꽃가루를 옮겨요.

가루가 암술머리로 전해지는 거예요. 이렇게 곤충의 도움으로 꽃가루를 옮기는 꽃을 충매화라고 해요.

충매화는 꽃잎이나 꽃받침이 화려한 것이 많아요. 다른 꽃보다 곤충의 눈에 잘 띄기 위해서 서로 경쟁하는 것이지요. 꽃의 색깔은 노란색이 가장 많고 빨간색 꽃이 제일 적은데, 꽃가루받이의 일등 공신인 벌이 빨간색을 구별하지 못하기 때문이라고 해요. 벌이 가장 좋아하는 색은 짙은 노란색과 파란색이에요. 배추흰나비는 노란색, 주로 밤에 활동하는 나방은 흰색, 담홍색, 붉은색을 좋아한답니다.

하지만 화려하고 예쁜 꽃만으로는 벌이나 나비들의 마음을 완전히 사로잡을 수 없어요. 그래서 꽃 속 깊이 꿀샘을 숨겨 놓고 달콤한 꿀로 곤충을 유혹해요. 곤충이 꿀샘을 찾아 꽃 속 깊숙이 몸을 집어넣고 안으로 들어가다 보면 꽃밥에 있는 꽃가루가 곤충의 몸에 묻게 된답니다.

향기로운 냄새도 곤충을 유혹하는 역할을 해요. 냄새는 멀리까지 퍼지기 때문에 나무나 다른 식물들에 가려서 잘 보이지 않아도 곤충들이 쉽게 꽃을 찾아올 수 있어요. 하지만 모든 꽃이 향기로운 냄새를 내는 건 아니에요. 앉은부채처럼 파리가 꽃가루를 날라 주는 꽃은 좋지 않은 냄새를 내요. 파리는 오히려 그런 냄새를 더 좋아하거든요.

나방처럼 주로 밤에 활동하는 곤충이 꽃가루받이를 해 주는 꽃은 밤에 활짝 피어요. 또 밤에 잘 보일 수 있도록 흰색이나 연한 색을 많이 띠지요.

새와 바람을 이용하는 조매화와 풍매화

동백꽃은 곤충 대신 동박새가 꽃가루를 옮겨 줘요. 동백꽃은 동박새가 좋아하는 붉은색 꽃을 활짝 피우고 꽃가루를 날라 주기를 기다려요. 이렇게 새의 도움으로 꽃가루를 옮기는 꽃을 조매화라고 해요. 새들은 냄새를 맡지 못하기 때문에 새가 꽃가루받이를 해 주는 꽃은 냄새가 없는 것이 많답니다.

곤충이나 새와 같은 생물의 도움 없이 자연 현상을 이용하는 식물도 있어요. 바로 바람의 도움으로 꽃가루를 옮기는 풍매화랍니다. 풍매화는 어떻

비파나무의 꽃은 새가 꽃가루받이를 해 주는 조매화예요.

게 꽃가루받이가 일어날까요? 바람이 불어 수꽃에 있던 꽃가루가 날아가 암꽃에 있는 암술머리에 떨어지면 꽃가루받이가 일어나지요. 옥수수, 벼 등이 바람으로 꽃가루받이를 하는 식물이에요. 이런 식물의 꽃가루는 약한 바람에도 쉽게 날릴 수 있도록 아주 작고 가벼워요. 대신 꽃가루를 원하는 장소에 정확히 배달하기 힘들지요. 그래서 풍매화는 암꽃에 비해 꽃가루를 만드는 수꽃이 훨씬 많이 피어서 꽃가루를 많이 만들어요.

물의 도움으로 꽃가루를 옮기는 수매화

물속에 사는 식물 중에는 나사말, 물수세미, 연꽃, 붕어마름 같이 물의 도움으로 꽃가루를 옮기는 것도 있어요. 이런 꽃을 수매화라고 해요. 나사말은 꽃이 성숙하기 전에는 물속에 있지만, 다 자라면 수꽃이 줄기에서 떨어져 물 위에 떠다녀요. 암꽃은 꽃가루받이를 할 때가 되면 줄기에 달린 채 물 위로 올라가요. 물 위를 떠다니던 수꽃이 암꽃과 부딪히면 꽃가루받이가 일어나요. 또, 붕어마름은 꽃가루가 물속에 흩어져서 꽃가루받이가 되지요.

물 위에 사는 연꽃은 대표적인 수매화예요.

씨와 열매의 위대한 탄생

꽃가루받이 후의 변화

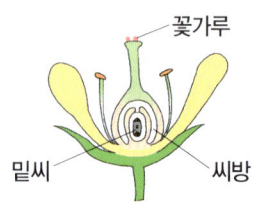

1. 꽃가루가 암술머리에 달라붙어요.

2. 꽃가루는 가늘고 긴 꽃가루관을 내려요.

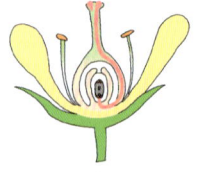

3. 꽃가루관이 밑씨에 닿으면 수정이 돼요.

곤충, 새, 바람, 물 등의 도움으로 꽃가루받이가 이루어진 후에는 어떤 일이 일어날까요? 꽃가루가 암술머리에 달라붙으면 꽃가루는 가늘고 긴 꽃가루관을 내려요. 꽃가루관은 아래로 계속 내려와서 암술대를 뚫고 씨방 속에 있는 밑씨로 들어가지요. 꽃가루 속에 있는 세포와 밑씨에 있는 세포를 만나게 해 주기 위해서예요. 꽃가루 속에는 정핵이라는 세포가 2개 들어 있고, 밑씨에는 난세포가 한 개 들어 있어요. 이 둘이 만나야 수정이 되고 씨가 만들어진답니다.

씨의 구조

씨의 모양과 크기는 식물마다 제각각이에요. 봉숭아 씨처럼 좁쌀만큼 작고 둥근 것, 해바라기 씨처럼 납작하고 길쭉한 것, 강낭콩처럼 둥글고 길쭉한 것 등 아주 다양하지요. 색깔도 검은색, 흰색 등 제각각이에요. 하지만 대부분의 씨 속에는 자라서 식물이 될 부분인 배와 싹이 날 때 양분으로 쓰는 배젖이 있고, 씨를 보호하는 껍질로 싸여 있다는 점은 모두 같답니다.

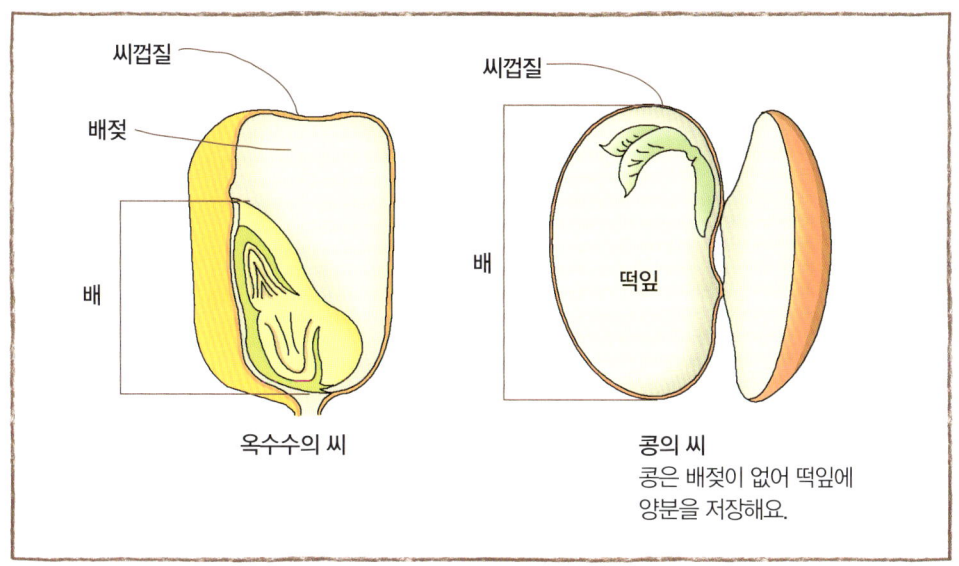

참열매와 헛열매

 씨를 감싸고 있는 건 껍질만이 아니에요. 포도를 맛있게 먹다가 포도 알맹이 속에 들어 있는 씨 때문에 먹기가 귀찮다고 생각한 적이 있을 거예요. 복숭아나 수박, 감도 마찬가지로 속에 씨가 들어 있어요. 포도나 복숭아, 수박, 감은 모두 씨방이 자라서 된 열매예요. 이렇게 씨방이 자라서 된 열매를 참열매라고 하지요. 꽃에서 씨방이 밑씨를 감싸고 있듯이 씨방이 자라서 된 열매가 씨를 감싸 보호해요. 복숭아처럼 열매 하나에 씨가 하나 들어 있는 것도 있고, 수박이나 감처럼 열매 하나에 씨가 여러 개 들어 있는 것도 있어요.

 열매 중에서 사과나 배, 딸기는 씨방이 자라서 된 것이 아니라, 꽃받침이 자라서 된 열매예요. 이런 열매를 헛열매라고 해요. 딸기에 있는 조그만 씨처럼 보이는 것들이 사실은 하나하나의 참열매랍니다. 콩이나 팥은

석류는 꽃받침이 자라서 된 헛열매예요.

수박은 씨방이 자라서 된 참열매예요.

말풍선: 참열매와 헛열매의 차이, 이제 알겠지?

열매일까요, 씨일까요? 콩이나 팥이 식물에 어떻게 달려 있는지를 떠올려 보세요. 꽃이 진 자리에 기다란 꼬투리가 나 있고 그 속에 콩이나 팥이 들어 있어요. 이렇게 콩이나 팥을 감싸고 있는 기다란 꼬투리는 씨방이 자라서 된 열매이고, 그 속에 있는 콩이나 팥은 씨랍니다. 열매라고 해서 모두 과일처럼 즙이 많고 맛 좋은 물렁한 열매로 된 것은 아니에요. 진달래나 무궁화 등은 딱딱한 껍질로 싸인 열매가 씨를 보호해요. 밤이나 도토리도 씨인지 열매인지 헷갈릴 때가 많아요. 가장 바깥쪽에 있는 갈색을 띠는 딱딱한 부분이 열매이고, 그 안에 있는 부분이 씨랍니다.

마지막은 씨 퍼뜨리기!

식물이 정성을 들여서 씨와 열매를 맺고

나면 남은 일은 한 가지예요. 바로 씨를 멀리 퍼뜨리는 일이죠. 식물은 힘들게 만든 씨를 왜 멀리 퍼뜨리려고 할까요? 식물이 잘 자라려면 물과 햇빛을 충분히 얻을 수 있어야 해요. 하지만 씨가 부모 식물과 가까운 곳에 떨어지면 어떻게 될까요? 부모 식물의 그늘에 가려 햇빛을 충분히 받기도 힘들고, 가늘고 약한 뿌리로는 물도 힘껏 빨아들일 수 없을 거예요. 게다가 여러 개의 씨가 한 곳에 떨어지면 서로 경쟁까지 해야 하니 자라기가 더 힘들겠지요. 그래서 식물은 자손이 더 튼튼하게 자라도록 씨를 멀리멀리 퍼뜨리는 거예요.

식물 상식

세상에서 가장 큰 열매

세상에서 가장 크고 무거운 열매는 겹야자나무의 열매예요. 큰 것은 무게가 무려 20kg까지 나간다고 하니 혼자 힘으로 열매 한 개를 들기도 힘들겠죠? 게다가 열매가 다 익을 때까지 걸리는 시간도 무려 10년이나 돼요. 겹야자나무는 인도양에 있는 세이셸 섬에서 자라요. 씨에서 싹이 나온 뒤 속이 빈 열매가 바다 위에 둥둥 떠 있는 모습을 흔히 볼 수 있다고 해요.

사람 얼굴보다도 큰 겹야자나무의 열매

어떤 씨가 멀리멀리 퍼질까요?

들판이나 산을 걸어 다니다 양말이나 바지에 풀씨나 산에 사는 식물의 열매가 잔뜩 붙었던 기억이 있나요? 가막사리, 도깨비바늘, 도둑놈의갈고리, 우엉 같은 식물의 씨나 열매에는 갈고리나 뻣뻣한 털이 달려 있어요. 사람이나 동물이 지나가다가 이런 식물의 씨나 열매에 닿으면 옷이나 동물의 털에 달라붙지요. 씨나 열매를 붙인 사람과 동물이 여기저기 다니다 떨어뜨리면, 자연스럽게 처음 살던 곳에서 멀리 이동하게 되는 거예요.

겨우살이의 열매에는 끈끈한 즙이 있어요. 그래서 새가 열매를 먹을 때 안에 있는 씨가 부리에 잘 달라붙어요. 새가 씨를 떼어 내려고 나뭇가지에 부리를 문지르다 보면 씨가 나뭇가지에 달라붙지요. 다른 나무의 줄

난 동물의 몸에 붙어서 퍼져.

도깨비바늘

기에서 기생하면서 양분을 얻는 식물인 겨우살이는 이렇게 해서 양분을 얻을 나무를 구한답니다.

동물을 유혹하는 맛있는 씨앗들

새나 짐승에게 먹혀서 씨를 퍼뜨리는 열매도 많아요. 이런 열매들은 맛있는 과육과 향기로운 냄새로 동물들을 유혹해요. 새들은 빨간색이나 불그스름한 빛을 띤 열매를 잘 먹어요. 열매의 크기도 새의 입에 알맞은 것이 많지요.

맛있는 열매를 본 새는 나뭇가지에 앉아 열매를 먹거나 주둥이에 열매를 물고 다른 곳으로 날아가서 먹어요. 그런데 새는 이빨이 없기 때문에 씨는 씹지 못하고 뱉거나 열매와 함께 삼켜요. 새나 짐승에게 먹히는 씨는 대부분 딱딱한 껍질로 싸여 있어 배 속에서 소화가 되지 않고 똥과 함께 밖으로 내보내 지지요. 그러면서 씨가 멀리 이동하는 거예요. 운이 좋아서 햇빛이 잘 들고 주위 환경이 좋은 곳에 떨어진 씨는 살아남아 싹을 틔우지요.

혼자서도 잘 퍼지는 씨앗

혼자 힘으로 씨앗을 멀리까지 퍼뜨리는 식물도 있어요. 주로 열매인 꼬투리가 터지면서 날아가는 씨들이에요. 우리 주변에서 쉽게 볼 수 있는 식물로는 봉숭아가 있어요. 봉숭아는 씨가 들어 있는 열매가 다 익으면 살짝만 건드려도 오그라들면서 그 힘으로 안에 들어 있던 씨가 사방으

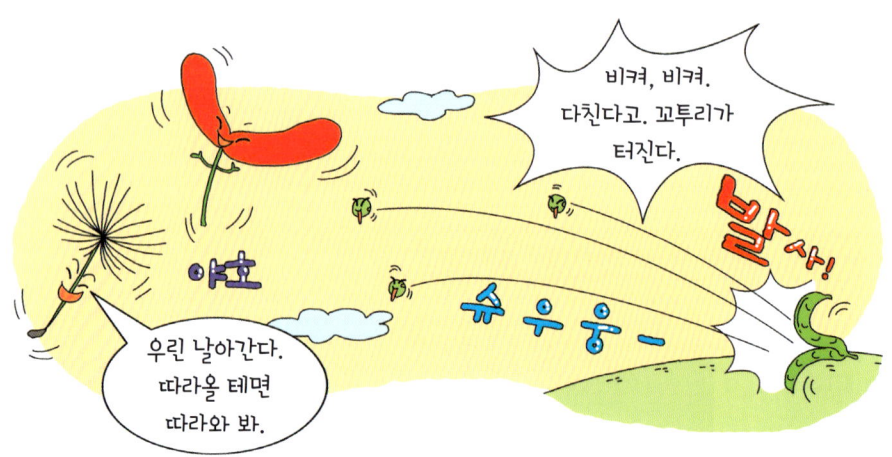

로 퍼져 나가요. 봉숭아 열매는 오그라드는 힘이 무척 세서 씨가 5m까지 날아갈 수 있지요. 제비꽃과 콩도 씨가 다 익으면 꼬투리가 터지면서 씨가 튕겨 나가요.

바람을 이용하는 씨앗

바람의 도움으로 씨를 퍼뜨리는 식물도 있어요. 이런 씨나 열매에는 갓털이나 날개, 솜털 등이 달려서 바람을 타고 멀리 날아갈 수 있어요. 우리가 흔히 보는 서양민들레처럼 말이죠.

가을이면 잎이 빨갛게 물드는 단풍나무를 잘 살펴보면, 날개 2장이 붙은 모양을 한 것이 달려 있어요. 바로 단풍나무의 열매예요. 열매가 빨갛게 물들면 마치 꽃처럼 아름답지요. 프로펠러처럼 생긴 날개의 아랫부분에는 씨가 들어 있어요. 바람이 불어서 열매가 나무에서 떨어지면 2장의 날개로 빙글빙글 돌면서 멀리까지 날아가요. 열매가 바람에 날려 날아가면서 그 안에 있던 씨도 멀리 퍼지지요.

잘 익은 솔방울을 하나씩 뜯어 보면 날개가 달린 씨를 찾을 수 있어요.

서양민들레 열매에는 낙하산 모양의 하얀 갓털이 나 있어 바람에 잘 날아가요.

헬리콥터의 프로펠러같이 생긴 날개가 씨앗을 멀리까지 퍼트려요.

솔방울이 벌어지면서 날개 달린 씨 하나하나가 바람을 타고 날아가지요. 꽃이 피는 식물 중에서 씨가 가장 작은 난초 종류는 씨가 먼지보다도 작아요. 바람이 불면 하늘 높이 날아서 아주 멀리까지 이동한답니다.

수영해서 이동하는 씨앗

물에 사는 식물의 씨는 어떻게 퍼질까요? 물에 사는 식물의 씨는 대부분 흐르는 물을 타고 멀리 퍼져요. 연꽃과 고마리 등의 씨는 물을 타고 떠다니다가 적당한 곳에 닿으면 뿌리를 내리지요. 열대 지방에서 자라는 야자나무 열매는 해안에 떨어지면 썰물을 타고 바다 위를 둥둥 떠다녀요. 열매가 공기 방울이 가득 찬 섬유질 껍질로 싸여 있어 물 위에 잘 뜨지요. 그러다 육지에 이르면 그곳에서 싹을 틔우는데, 어떤 야자 열매는 1,930km를 떠다녔다고 해요. 정말 놀랍죠?

야자는 물 위를 둥둥 떠다니다가 육지에 닿으면 싹을 틔워요.

꽃이 없는 식물은 어떻게 번식할까요?

고사리의 꽃이 어떻게 생겼는지 본 적이 있나요? 아마 본 사람이 없을 거예요. 고사리는 꽃이 피지 않거든요. 고사리처럼 꽃이 피지 않는 식물을 민꽃식물이라고 해요. 꽃이 없으면 꽃가루도 없는데 어떻게 번식을 할까요? 민꽃식물은 대부분 홀씨로 번식을 한답니다. 다 자란 고사리의 잎 뒷면을 보면 동그란 갈색의 혹처럼 생긴 것이 잔뜩 붙어 있어요. 이 혹을 홀씨주머니라고 하는데, 속에 홀씨가 가득 들어 있답니다. 너무 작아서 맨눈으로는 볼 수 없고 현미경으로 볼 수 있지요.

우리 곰팡이들도 홀씨로 번식한단다!

고사리 홀씨의 여행

홀씨가 잘 익었을 때 바람이 불면 홀씨주머니가 터지면서 안에 있던 홀씨들이 바람을 타고 멀리 퍼져 나가요. 홀씨가 땅에 떨어지고 적당한 온도와 습기가 있으면, 싹이 트고 심장 모양의 식물로 자란답니다.

보통 식물은 어른 식물과 같은 모양으로 자라요. 봉숭아도 민들레도 씨앗에서 싹이 트면 다 자란 봉숭아나 민들레와 같은 모양으로 자라지요. 그런데 고사리는 좀 달라요. 홀씨가 떨어져서 싹이 튼 고사리는 뿌리도 제대로 없고 줄기도 보이지 않아요. 심장 모양의 잎처럼 생긴 전엽체만 있지요.

전엽체에는 조란기와 조정기라는 기관이 있는데, 조란기에서 난자가 만들어지고 조정기에서 정자가 만들어진 후 정자가 난자를 찾아가 수정을 해서 수정란을 만들어야 수정란이 자라 어린 고사리가 돼요. 어린 고사리가 점점 커지는 동안 밑에 있던 심장 모양의 전엽체는 죽고, 다 자라면 우리가 보는 고사리가 된답니다.

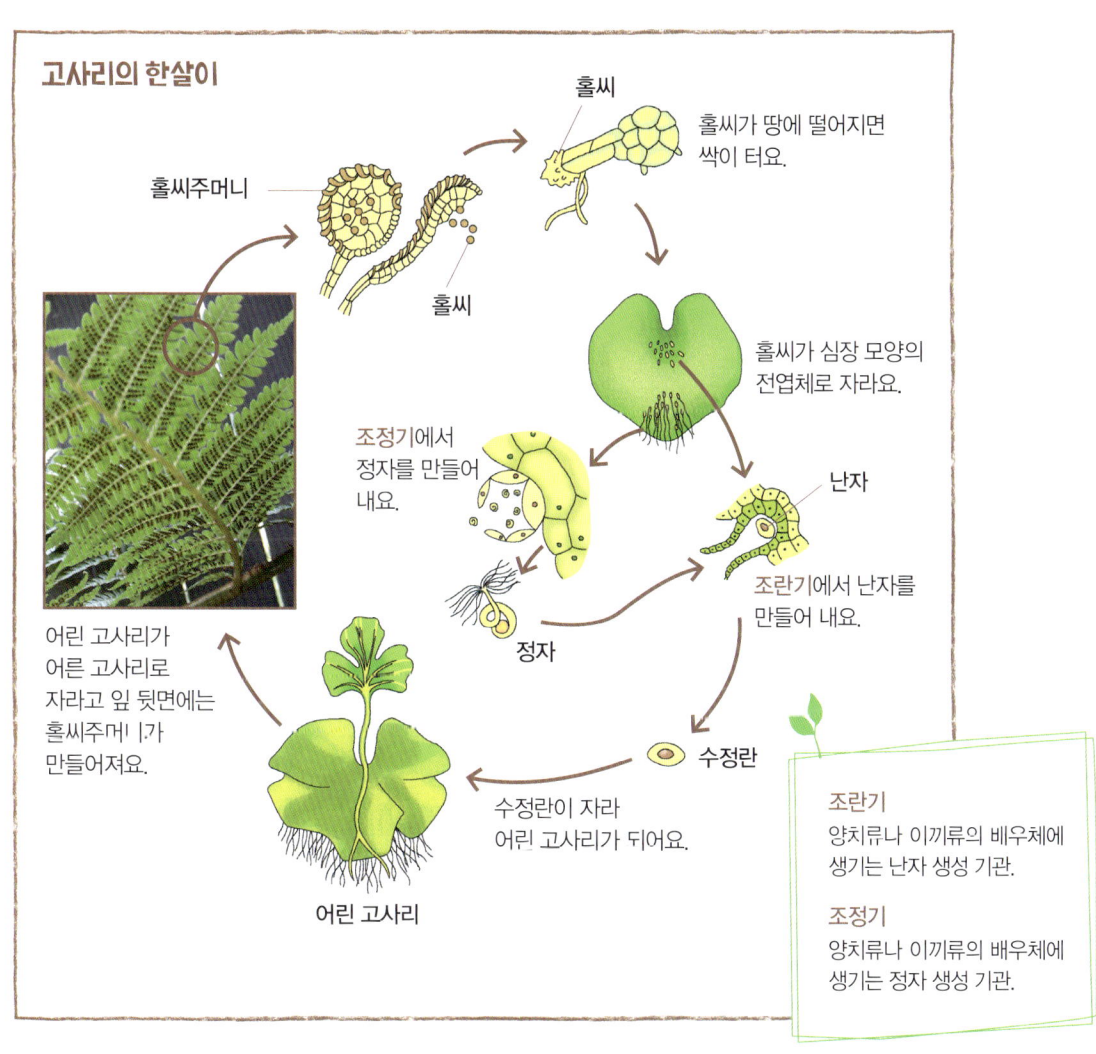

고사리의 한살이

- 홀씨주머니
- 홀씨
- 홀씨가 땅에 떨어지면 싹이 터요.
- 홀씨가 심장 모양의 전엽체로 자라요.
- 조정기에서 정자를 만들어 내요.
- 난자
- 정자
- 조란기에서 난자를 만들어 내요.
- 수정란
- 수정란이 자라 어린 고사리가 되어요.
- 어린 고사리
- 어린 고사리가 어른 고사리로 자라고 잎 뒷면에는 홀씨주머니가 만들어져요.

조란기
양치류나 이끼류의 배우체에 생기는 난자 생성 기관.

조정기
양치류나 이끼류의 배우체에 생기는 정자 생성 기관.

이끼 홀씨의 여행

나무줄기나 햇빛이 잘 비치지 않는 축축한 바닥에 사는 이끼도 홀씨로 번식해요. 이끼는 암그루와 수그루가 따로 있는데, 홀씨주머니가 있는 이끼가 암그루예요. 홀씨가 싹이 트면 각각 암그루와 수그루로 자라고, 암그루에서는 난자가, 수그루에서는 정자가 생겨요. 이끼가 다 자라면 수그루에서 정자가 빗물 등을 타고 암그루로 가서 난자와 만나 수정이 돼요. 수정이 끝나면 암그루의 줄기 끝에서 홀씨주머니와 홀씨가 생긴답니다.

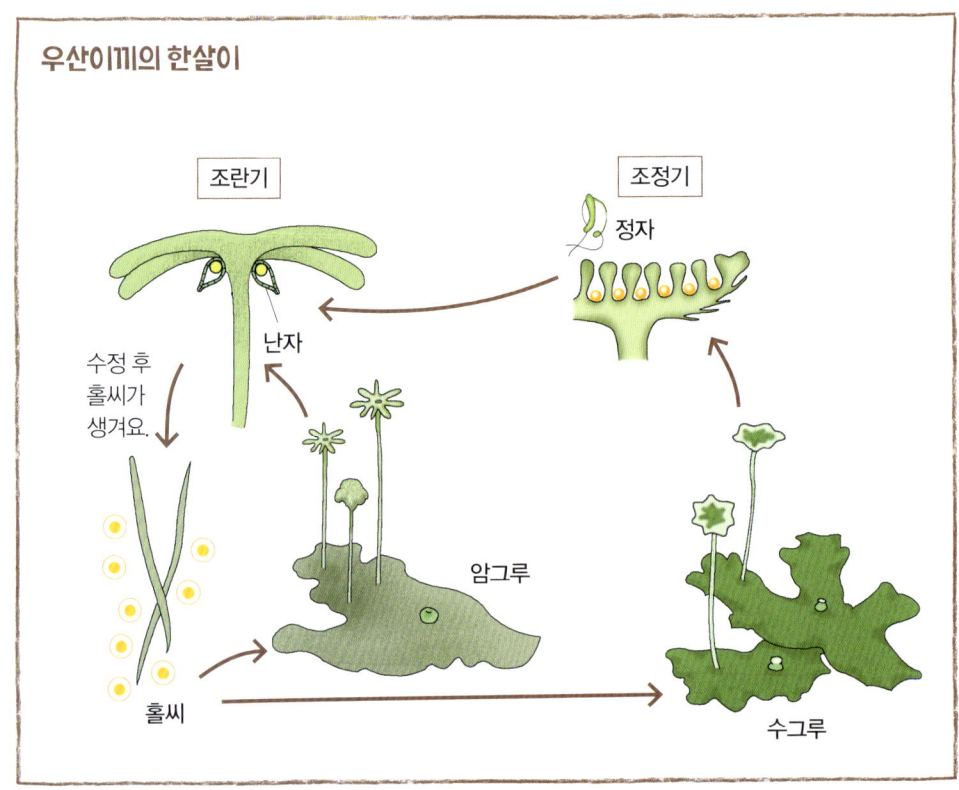
우산이끼의 한살이

몸의 일부로 번식하는 영양 생식

밭에 감자를 심어 본 적이 있나요? 감자를 심을 때에는 씨를 뿌리지 않고 감자를 잘라서 심어요. 감자를 잘 보면 군데군데 움푹 들어가 있고 눈이 나 있거든요. 눈이 나 있는 곳이 하나씩 들어 있게 감자를 잘라서 땅속에 심으면 이 눈에서 어린 싹이 돋아나고, 자라서 감자가 되지요.

감자에는 군데군데 움푹 들어간 눈이 있는데, 이 눈에서 어린 싹이 돋아나요.

이렇게 식물은 씨나 홀씨로 번식하는 것 외에 몸의 일부분으로 번식을 하기도 해요. 이렇게 번식하는 것을 영양 생식이라고 해요. 고구마는 저장뿌리에 있는 눈을 잘라 심으면 싹이 나지요. 양파, 마늘, 튤립, 백합 등은 비늘줄기로 번식을 한답니다. 봄이 되면 겨우내 저장해 두었던 마늘에서 싹이 나는 것을 볼 수 있는데, 마늘 한 쪽 한 쪽이 비늘줄기로, 각각 싹을 틔우는 거예요.

이렇게 식물의 일부분으로 번식을 하는 영양 생식은 원래의 식물과 완전히 똑같은 식물이 새로 나는 거예요. 그래서 새로 나는 식물은 원래의 식물이 지닌 장점을 그대로 지닌답니다. 하지만 영양 생식은 생물들이 서로 유전자를 섞어 환경에 더 잘 적응하도록 하는 수정을 하지 않았기 때문에 바뀐 환경에 잘 대응하지 못하는 단점이 있어요.

비늘줄기에 양분을 저장했다가 싹을 틔우는 양파

사람도 식물을 번식시킬 수 있다고요?

자연에서는 씨로 번식하는 식물도 사람이 영양 생식을 해서 번식시키는 경우가 많아요. 이렇게 인공적으로 번식을 시키는 방법으로는 꺾꽂이, 포기 나누기, 휘묻이, 접붙이기 등이 있어요.

꺾꽂이는 식물의 일부분을 잘라서 땅속에 꽂아 뿌리를 내리게 하는 방법이에요. 주로 줄기나 잎을 이용하지요. 탐스러운 꽃을 피우는 국화는 잎이 있는 줄기의 3마디 정도를 잘라서 모래에 꽂으면 뿌리가 잘 나고 각각 새로운 국화로 자라요. 집에서 기르면 산소를 내뿜어서 건강에 좋다고 하는 산세비에리아도 잎을 잘라서 심으면 새로운 식물이 생긴답니다.

꺾꽂이를 했을 때 뿌리가 잘 내리지 않거나 쉽게 말라 죽는 나무는 휘어서 묻는 휘묻이를 하기도 해요. 아래로 낮게 처진 가지를 휘어서 껍질을 벗기고 땅에 묻은 다음 흙을 잘 덮어서 고정해요. 그러면 땅속에 묻힌 부분에서 뿌리가 나오지요. 뿌리가 충분히 자랐을 때 원래 나무의 줄기와 연결된 부분을 자르면 새로운 나무를 얻을 수 있어요.

서로 다른 성질을 가진 식물을 결합시키는 방법으로는 접붙이기가 있어요. 꺾꽂이나 휘묻이를 하면 원래의 식물과 똑같은 성질을 가진 식물이 자라지만, 접붙이기를 하면 서로 다른 좋은 성질을 합칠 수도 있어요. 그래서 주로 좋은 품종의 식물을 더욱 좋게 개량하기 위해 많이 쓰는 방법이랍니다.

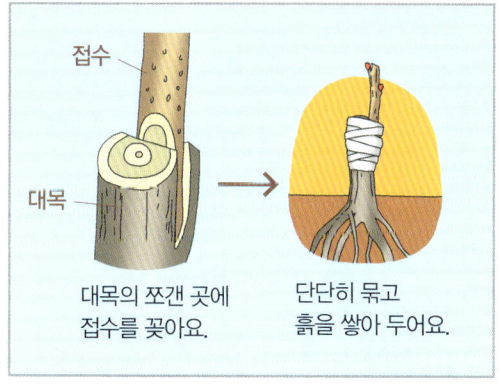 

접수 접붙이기를 할 때 바탕이 되는 나무에 나뭇가지를 꽂는 것을 말해요.
대목 접붙이기를 할 때 그 바탕이 되는 나무를 말해요.

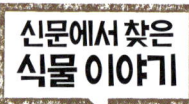

신문에서 찾은 **식물 이야기**

꿀벌이 사라지고 있어요!

　최근 꿀벌들이 한꺼번에 수만 마리씩 죽는 일이 생기고 있어요. 특히 오랜 세월 동안 우리 곁에서 꽃을 피우고 꿀을 제공했던 토종꿀벌은 멸종 위기에 처했다고 해요. 농림축산식품부 자료에는 2009년에 사람들이 사육하는 토종벌은 38만 통이 넘었지만 2013년에는 1만 통 정도만 살아남은 것으로 추정하고 있어요. 이유는 바이러스, 전염병, 살충제, 전자파 등 여러 가지랍니다.

　다른 나라도 꿀벌이 줄어들고 있는 것은 마찬가지예요. 미국 캘리포니아에 있는 농가는 꿀벌이 이유 없이 죽는 현상이 이어져, 아몬드가 최근 8년 동안 가장 높은 가격으로 올라갔어요. 아몬드뿐 아니라 꿀, 사과, 호박, 오이 등도 재배가 어려워 가격이 점점 올라가고 있어요.

　작은 꿀벌들이 사라지는 게 뭐가 중요한 일이냐고요? 아인슈타인은 "꿀벌이 사라지면 인류도 4년 안에 멸종한다"고 말했어요. 우리가 먹는 과일과 식량은 대부분 꿀벌 없이 열매를 맺지 못하기 때문이지요. 꿀벌이 우리나라 농작물에 기여하는 경제적 가치를 계산해 보면 약 6조 원이 나온대요. 정말 대단하지요?

이에 많은 국가는 꿀벌 살리기 운동에 힘을 쏟고 있어요. 유럽에서는 곤충 신경계를 교란시키는 것으로 알려진 농약 사용을 금지하기로 결정했지요. 농작물을 재배하는 데 많이 쓰이는 농약 성분인 네오니고티노이드는 꿀벌 개체 수를 줄이는 원인으로 알려진 물질이기도 해요. 유럽인 260만 명이 서명운동을 한 결과 이루어진 일이랍니다.

우리나라 수도인 서울에서도 최근 '도심 양봉'을 시작했어요. 서울시가 상암동 월드컵공원에 양봉장을 만들어 꿀벌 2만여 마리를 입양했거든요. 월드컵공원에는 벚꽃과 아카시아꽃 등이 자라고 있어서 꿀벌들이 맛있는 꿀을 충분히 모을 수 있는 장소랍니다. 앞으로는 서울에서 노랗고 귀여운 꿀벌들이 하늘을 나는 모습을 자주 볼 수 있겠네요!

6장 서바이벌 식물 생존 법칙

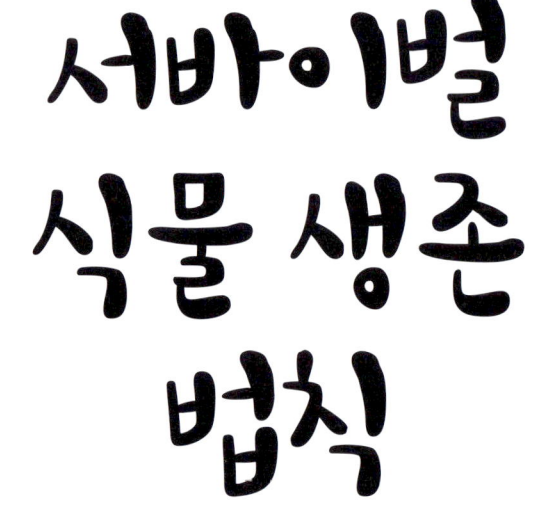

식물은 사람처럼 눈으로 보고, 코로 냄새를 맡거나, 귀로 들을 수 없어요.
하지만 식물은 햇볕이 비치는 쪽을 향해 자라고, 일정한 계절이 되면 꽃을 피우지요.

사람처럼 추우면 두꺼운 옷을 입지 못하는데도 추운 겨울을 거뜬히 지내요.

또, 움직이지 못하는데도 식물을 괴롭히고 잡아먹으려는 동물과 싸워서
자기 몸을 지키기도 해요. 뿐만 아니라 다른 생물과 서로 도움을 주고받으면서
양분을 얻기도 하고, 적을 물리치기도 하지요.

식물은 어떤 지혜가 있기에 이런 일을 할 수 있는지 한번 알아보기로 해요.

추위를 이겨 내라!

가을이 되면 여름 내내 초록색이던 나뭇잎이 빨강, 노랑, 갈색 등으로 울긋불긋 단풍이 들어요. 나뭇잎들이 내는 고운 색깔에 사람들의 눈은 즐거워지지만, 나무들은 살기가 점점 힘들어진답니다. 여름에는 햇빛도 강하고 비도 많이 내려서 나무가 충분한 양의 물과 햇빛을 얻을 수 있지만, 가을이 되면 날씨가 점점 추워지면서 햇빛도 약해지고 물도 줄어들기 때문이에요.

울긋불긋 단풍의 비밀

광합성을 하기에 적당하지 않은 가을이 되었는데도 여름처럼 땅속에 있는 물을 쭉쭉 빨아올리면 영양분은 만들지 못하고 물만 내보내기 때문에 나무가 죽을 수도 있어요. 더구나 잎이 있으면 부족한 물이 계속 잎을 통해 증발하니 더더욱 물이 부족해지겠죠. 그래서 나무는 잎을 떨어뜨리려고 잎자루와 가지 사이에 '떨켜'라는 세포층을 만들어 물과 무기 양분이 잎으로 가는 길을 막아요. 이 과정에서 엽록소가 파괴되지요. 원래 잎에는 녹색 색소인 엽록소 외에도 다른 색을 띠는 색소들도 들어 있어요. 하지만 여름에는 엽록소가 잎에 있는 색소의 대부분을 차지하기 때문에 다른 색소들은 엽록소에 가려 잘 보이지 않았던 거예요. 초록빛을 띠는 엽록소가 파괴되면서 보이지 않던 다른 색소들이 나타나 새로운 색소를

식물의 잎은 가을이 되면 엽록소가 파괴되면서 다른 색소들이 잘 보여 새로운 색을 만들어 노랗고, 빨갛게 물들어요.

합성하는데, 이것이 단풍이랍니다. 잎에 있는 카로틴이나 잔토필이란 색소는 나뭇잎을 노랗게 물들이고, 타닌은 나뭇잎을 갈색으로 물들여요. 안토시안 색소는 나뭇잎을 붉게 물들이지요.

따뜻한 겨울눈 만들기

식물들은 어떻게 겨울을 이겨 낼까요? 겨울을 맞이하기 위해 잎을 다 떨어뜨린 나무들은 무척 추워 보여요. 봄이 되어서도 잎이 다시 나지 않으면 광합성을 할 수도 없고, 나무는 죽게 될 텐데 괜찮을지 걱정도 되지요. 하지만 걱정하지 않아도 돼요. 나무들은 봄에 다시 싹을 틔울 잎을 미리 준비해 두고 있거든요. 바로 겨울눈 속에 말이에요.

으으, 추워!
목련 너는 좋겠다.
따뜻한 솜털이 몸을
감싸고 있어서!

목련의 겨울눈은 솜털 덕분에 겨울을 따뜻하게 날 수 있어요.

개나리는 양분을 많이 흡수할 수 있는 5월에 겨울눈을 미리 만들어요.

낙엽이 진 목련이나 동백나무의 나뭇가지를 보면 봉오리처럼 생긴 겨울눈을 볼 수 있어요. 추운 겨울을 지내는 동안에는 겨울눈이 얼거나 매서운 바람에 마르지 않는 것이 중요해요. 그래서 목련은 가느다란 솜털이 잔뜩 달린 껍질로 겨울눈을 보호해요. 동백나무는 여러 개의 단단한 비늘로 겨울눈을 싸고 있지요.

겨울눈이라는 이름을 들으면 왠지 겨울에 만들어지는 것 같지만 아니에요. 식물은 잎이 떨어지기 전인 여름에 미리 겨울눈을 만들어 두는데, 더 일찍 만들기도 한답니다. 개나리는 5월에 미리 겨울눈을 만들어 두어요. 이듬해에 잎을 만들고 꽃을 피우려면 겨울눈이 꼭 필요하기 때문에 양분이 많을 때 미리 만드는 것이지요.

나무보다 훨씬 약해 보이는 풀은 어떻게 겨울을 날까요? 봉숭아나 벼, 옥수수, 해바라기 같은 식물은 한해살이식물이라고 해요. 씨를 뿌리고 싹이 트고, 자라고, 꽃을 피우고 다시 씨를 맺는 일이 일 년 안에 모두 일어나지요. 이런 식물들은 겨울이 오기 전에 모두 말라 죽어요. 대신 씨는 바람도 불지 않고, 기온도 더 따뜻한 땅속에 묻혀서 겨울을 나지요. 씨로 추운 겨울을 나는 거예요. 이듬해 봄이 되면 씨에서 싹이 터져 나와 다시 새로운 한살이를 시작해요.

옥수수는 씨로 겨울을 나요.

그러면 여러 해 동안 사는 여러해살이식물은 어떻게 겨울을 날까요? 달리아, 튤립은 겨울이 되면 줄기, 잎, 꽃은 죽지만 뿌리는 살아 있어요. 땅속에서 양분을 저장해 둔 알뿌리로 겨울을 나지요.

튤립의 알뿌리는 미리 저장해 둔 양분으로 겨울을 나지요.

따뜻한 땅에 붙어 자라기

겨울에 논길이나 들판을 잘 살펴보면 잎을 땅바닥에 붙이고 있는 민들레나 냉이를 볼 수 있어요. 땅바닥은 땅 위 높은 곳보다 바람도 덜 불고 덜 춥기 때문에, 최대한 잎을 땅에 가까이 대고 햇빛을 조금이라도 더 받기 위해 잎을 쫙 펼치고 납작하게 누워 있는 것이지요. 겨울이 지나 봄이 오면 땅에 붙였던 잎을 세우고, 새로운 줄기와 잎을 내면서 자란답니다.

냉이는 비교적 덜 추운 땅에 잎을 최대한 가까이 대고 납작하게 누워 자라요.

덜덜덜. 이렇게 추운 날에는 나도 냉이처럼 땅에 납작 엎드려 볼까?

식물도 움직인다고요?

식물이 빛을 느끼고, 중력을 느끼고, 촉감을 느낄 수 있다는 것은 이미 알고 있죠? 사람처럼 눈으로 빛을 보고, 귀로 중력을 느끼고, 손으로 더듬지는 않지만, 식물 나름의 방식으로 느끼고 운동한답니다.

빛을 따라 움직이는 식물

식물이 운동을 한다니 믿어지지 않나요? 물론 식물이 하는 운동은 축구를 하거나 달리기를 하는 그런 운동은 아니에요. 창가에 화분을 놓고 며칠이 지나면 햇빛이 비치는 쪽으로 잎과 줄기가 굽어 자라는 것을 볼 수 있어요. 화분을 옆으로 눕혀 놓아도 줄기가 햇빛이 있는 쪽으로 굽어서 자라지요. 식물이 빛을 느끼고, 그쪽으로 움직이는 이런 성질을 굴광성이라고 해요. 잎이나 줄기는 빛이 비치는 방향으로 움직이려고 하기 때문에 양성 굴광성이라고 하지요. 하지만 뿌리는 늘 빛이 비치는 반대 방향으로 움직이는 성질이 있어요. 이런 성질을 음성 굴광성이라고 해요.

식물의 줄기가 햇빛이 있는 쪽으로 굽어 자라는 것은 옥신이라는 호르몬 때문이에요. 옥신은 식물의 생장을 조절하는 호르몬으로, 식물의 눈이나 배, 어린 잎, 줄기 끝에서 만들어져서 세포가 왕성하게 분열하도록 자극하지요.

식물이 빛을 향해 자라는 성질을 굴광성이라고 해요.

햇빛이 식물의 줄기에 비치면 옥신은 빛이 비치지 않는 쪽 줄기에 많이 모여요. 옥신의 농도가 높은 쪽의 줄기가 더 잘 자라기 때문에 줄기가 빛이 비치는 쪽으로 휘는 거랍니다.

중력, 온도, 물을 느끼는 식물

식물은 중력도 느낄 수 있어요. 땅속에 씨를 뿌리면 뿌리는 늘 땅속으로 뻗고, 줄기는 위쪽을 향해 자라요. 싹이 튼 씨를 뿌리는 위쪽으로 향하게 하고 줄기는 아래쪽으로 향하게 놓아도 시간이 지나면 뿌리는 아래로, 줄기는 위로 자라지요. 이렇게 식물이 중력의 방향에 따라 움직이는 성질을 굴지성이라고 해요.

뿌리는 식물에게 꼭 필요한 물이 있는 쪽을 향해서 자라려는 성질도 있어요. 이렇게 물이 있는 쪽으로 자라는 성질을 굴수성이라고 해요.

나팔꽃이나 완두처럼 덩굴손이 있는 식물은 곧게 자라다가 덩굴손이 다른 물체에 닿으면 굽는 성질이 있어요. 이런 성질을 굴촉성이라고 해요.

식물이 중력의 방향에 따라 움직이는 성질은 굴지성이라고 하지요.

물이 있는 방향으로 자라는 것은 굴수성이라고 해요.

식물은 가만히 있는 것처럼 보이지만 햇빛, 물, 중력에 따라 움직인단다.

굴촉성은 덩굴손이 다른 물체에 닿으면 그 물체 쪽으로 굽는 성질이에요.

덩굴손이 닿은 반대 부분이 덩굴손이 닿은 부분보다 빨리 자라기 때문에 생기는 일이지요.

식물은 햇빛, 중력, 물, 감촉 등의 자극에 따라 굽는 운동 외에 다른 운동도 해요. 튤립은 따뜻한 곳에 두면 꽃잎이 열리지만 차가운 곳에 두면 꽃잎이 닫혀요. 온도가 높아지면 꽃잎 안쪽 부분이 자라는 속도가 빨라져서 꽃잎이 열리고 온도가 낮아지면 꽃잎 바깥쪽 부분이 자라는 속도가 빨라져서 꽃잎이 닫히는 거예요.

자귀나무는 낮에는 잎을 활짝 펴고(왼쪽 사진), 밤에는 잎을 오므리고 있답니다.

자귀나무야, 아침이야, 일어나!

건드리면 깜짝 놀라는 식물

누군가가 건드리면 깜짝 놀란 것처럼 잎을 움직이는 식물도 있어요. 미모사는 여러 개의 작은 잎들이 새의 깃털 모양처럼 나 있는데, 잎에 손만 살짝 갖다 대도 잎들이 접히고, 잎자루와 줄기가 이어진 곳이 갑자기 구부러지면서 늘어져요. 미모사의 잎에는 잎자루와 줄기가 이어진 부분, 잔잎과 잎자루가 이어진 부분에 엽침이라는 부분이 있는데, 이것이 잎이 운동하는 데 영향을 끼쳐요. 미모사 잎을 건드리면 엽침 세포의 활동으로 윗부분의 세포보다 아랫부분의 세포에서 빠져나가는 물의 양이 많아져서 잎이 닫히고, 잎자루와 줄기가 이어진 곳이 구부러진답니다.

식물의 적은 누구인가요?

평화롭게 보이는 식물에게도 적이 많아요. 예를 들어 초식 동물인 토끼는 풀을 먹고 살아요. 결국 토끼는 풀의 적이 된답니다.

많은 동물이 식물을 먹고 살아요. 식물에는 영양분이 아주 많기 때문이에요. 특히 식물의 잎은 애벌레나 성충, 식물을 먹고 사는 초식 동물에게 좋은 먹잇감이에요. 식물의 적은 이런 동물들 외에도 또 있어요. 바로 눈에 보이지 않는 세균이나 바이러스가 퍼뜨리는 질병이에요. 어떤 식물을 보면 잎이 누렇게 떠 있거나 군데군데 반점이 나 있는 것들이 있어요. 질병이 식물의 잎을 망가뜨려서 뿌리에서 흡수한 물을 잎으로 운반하지 못하게 하고, 잎에서 광합성을 제대로 하지 못하게 했기 때문이에요. 질병은 심하면 식물을 죽이기도 하는데, 곰팡이 때문에 생기는 느릅나무마름병은 커다란 느릅나무 한 그루를 4~8주 만에 죽일 수도 있는 무서운 병이에요. 세균이나 바이러스는 식물의 잎 외에도 줄기, 열매 등을 공격하기도 하지요.

사람들이 오염 물질을 함부로 배출해서 중금속이 잔뜩 쌓여 있는 흙도 식물에게는 생명을 위협하는 적이 될 수 있어요. 오늘날에는 환경 오염 때문에 식물이 죽어 가기도 하지요. 또, 식물이 사는 지역의 기후가 달라지는 것도 식물을 위협하는 요인이 된답니다.

내 몸을 지켜라!

식물의 주위에는 늘 식물을 먹고 사는 곤충과 초식 동물이 끊이질 않아요. 하지만 제자리에서 꼼짝도 하지 못하는 식물은 어떻게 적들을 피해야 할까요? 꼼짝 못 하고 당하기만 해야 할까요?

뾰족뾰족 날카로운 가시털

식물은 오랜 세월을 지내면서 자기를 노리는 적들을 물리칠 방법을 하나씩 발달시켜 왔어요. 뾰족한 가시나 날카로운 잎 등으로 말이에요. 쐐기풀은 몸 전체에 아주 작은 가시털이 잔뜩 나 있어요. 맛 좋은 쐐기풀을 먹으려고 애벌레가 기어 올라가다 가시털에 찔리면 정신이 번쩍 들 정도로 따갑고 아파요. 가시털 속에는 독이 들어 있거든요. 풀을 좋아하는 토끼 같은 초식 동물도 쐐기풀을 먹으려고 입을 댔다가 가시털에 찔려 혼나기 일쑤지요. 한번 아프게 찔린 경험이 있는 동물들은 다시는 쐐기풀을 먹으려고 하지 않겠죠?

엉겅퀴의 잎 가장자리에도 뾰족한 가시가 나 있어요. 동물들은 맛있는 엉겅퀴 잎을 먹으려고 하다가 가시에 찔려 깜짝 놀라지요. 장미의 줄기에 난 가시는 꽃을 보호하기 위한 거예요. 곤충들이 좋아하는 색깔과 향기를 내어

엉겅퀴는 뾰족한 가시로 자신의 몸을 보호해요.

번식을 해야 하는데, 다른 동물들이 기어 올라와서 꽃을 망치면 안 되잖아요. 그래서 줄기가 오랜 세월을 지내면서 가시를 만들어 낸 거예요.

잔디나 억새 잎을 함부로 만지면 큰일 나요. 잔디나 억새의 잎은 칼날처럼 날카로워서 손을 베기 일쑤거든요. 이젠 잔디를 만질 때도 살살 만져야 하는 이유를 잘 알겠지요?

변신! 날 찾아봐라

또 어떤 방법으로 식물들은 적의 위협으로부터 벗어나려고 할까요? 몸을 주변 환경과 비슷하게 만들어서 동물에게 잡아먹히는 것을 피하는 식물도 있어요.

사막에 사는 자갈풀은 잎에 물을 잔뜩 저장하고 있어요. 물이 부족한 사막에서 동물들의 눈을 번쩍 뜨이게 할 만한 먹이지요. 자갈풀은 이름처럼 자갈 주변에서 자라는 식물이에요. 카멜레온이 주변 환경에 맞춰 몸 색깔을 바꾸듯이 자갈풀도 주변에 있는 자갈과 비슷하게 회색이나 붉은색 등으로 색깔을 바꿀 수 있어요. 그래서 목마른 동물들이 자갈풀을 눈앞에 두고도 모르고 그냥 지나쳐 가지요.

광대수염이라는 식물은 동물들로부터 몸을 보호하기 위해 쐐기풀

몸색을 주변 색과 비슷하게 바꾸는 자갈풀은 변신의 귀재예요.

을 이용해요. 무슨 말이냐고요? 광대수염은 잎 모양이 쐐기풀과 아주 비슷하게 생겼어요. 그래서 얼핏 보면 쐐기풀과 잘 구별이 되지 않지요. 쐐기풀의 가시털에 찔려서 혼이 난 경험이 있는 동물들은 광대수염도 먹으려고 하지 않는답니다.

이렇게 식물마다 날카로운 가시, 예리한 잎, 주위 환경과 비슷하게 위장하기 등 동물에게서 자기를 보호하는 특별한 방법이 있답니다.

이제부터 산이나 들로 나들이를 나갔을 때는 식물들을 찬찬히 관찰해 보세요. 여러 식물이 어떤 방법으로 자기 몸을 보호하는지 알 수 있을 거예요.

화학 물질과 냄새로
적을 물리쳐요

우리가 약을 만들거나 음식의 향료 등으로 쓰려고 식물에서 얻는 여러 가지 화학 물질은 사실 식물이 자신을 보호하기 위해 만든 것이에요. 예를 들어 커피 속에 들어 있는 카페인은 사람들이 맛있게 먹고 잠을 깨기 위한 것이 아니라, 커피나무가 자신을 공격하는 애벌레를 죽게 하거나 딱정벌레가 번식하지 못하게 하기 위해 만든 거예요. 따가운 가시나 날카로운 잎 등으로 적을 피하는 식물도 있지만, 화학 물질을 내뿜거나 곤충이 싫어하는 맛이나 냄새를 풍겨서 자신을 보호하는 식물도 많아요.

이상한 맛으로 몸을 보호해요

떡갈나무는 여름이 오면 아주 골치 아픈 문제가 생겨요. 나무 여기저기에 붙어 잎을 갉아 먹는 곤충들이 많아지기 때문이지요. 그래서 떡갈나무는 여름이 되면 잎에서 타닌이라는 물질을 많이 분비해요. 매우 쓰고 떫은맛을 내는 타닌은 곤충의 몸에 들어가면 장을 상하게 하고 단백질이 소화되는 것을 방해해요. 곤충들은 맛도 없고 소화도 되지 않는 잎을 멀리하게 되지요.

박주가리의 줄기나 잎을 꺾으면 우유처럼 하얀색 액체가 나와요. 맛이 씁쓸한 이 액체 속에 들어 있는 독은 작은 곤충이 심장 마비를 일으킬 정도로 독해요. 그래서 벌레는 물론 쥐들도 가까이 오지 않는다고 해요.

떡갈나무는 잎에서 타닌이라는 쓴 물질을 내보내요.

삐뽀삐뽀, 위험 상황을 알리는 식물들

식물은 화학 물질을 내어 옆에 있는 식물에게 위험하다는 신호를 보내기도 한답니다. 아프리카 초원에 사는 가시쥐엄나무에는 거친 가시가 많이 나 있어요. 맛있는 잎을 뜯어 먹으려는 동물들은 가시 때문에 포기하곤 하지요. 하지만 키가 큰 기린은 이에 아랑곳하지 않고 위에 있는 비교적 연한 잎들을 뜯어 먹어요. 가시쥐엄나무도 지지 않고 기린이 잎을 뜯어 먹을 때 고약한 냄새가 나는 에틸렌 가스를 만들어서 잎을 맛없게 만들지요. 그뿐만 아니라 잎으로 에틸렌 가스를 내뿜어서 주변에 있는 나무에게 위험이 닥쳤음을 알려요. 이 신호를 받은 주변에 있는 나무들도 에틸렌 가스를 만들고, 기린은 결국 식물들의 합동 공격을 견디지 못하고 다른 먹이를 찾으러 간답니다.

독한 냄새로 적을 쫓아요

냄새로 적을 물리치는 식물도 있어요. 막 깎은 잔디밭에 가면 평소에는 나지 않던 풋풋한 풀 냄새가 나요. 마늘이나 양파도 가만히 놓아두면 독한 냄새를 내지 않지만, 껍질을 벗기거나 칼로 자르면 눈물이 날 정도로 독한 냄새가 나지요. 이 독한 냄새는 세포 속의 알린이란 물질이 알리신으로 바뀌면서 뿜어 나오는 것인데, 모두 상처가 났을 때 자기를 방어하기 위해 독한 냄새를 내는 거예요.

날 먹으면 뜨거운 맛을 보게 될걸?

고추가 매운맛을 내는 까닭은 캡사이신이라는 화학 물질 때문이에요. 고추가 이 물질을 만드는 까닭도 동물들이 자기를 해치는 것을 막기 위해서예요. 고추는 씨를 널리 퍼뜨려서 번식해야 하는데, 동물들이 씨까지 씹어 먹으면 번식을 할 수 없어요. 그래서 매운맛을 내는 캡사이신을 분비하는 것이지요. 사람도 무척 매운 고추를 먹으면 속이 쓰린 것처럼 캡사이신이 동물의 몸속으로 들어가면 신경을 자극하기 때문에 고통스러워요.

고추는 매운맛으로 동물들로부터 씨를 보호해요.

이렇게 식물은 끊임없이 화학 물질을 만들어 동물로부터 자기를 방어해요. 하지만 동물도 살아남기 위해 식물들이 만들어 내는 화학 물질을 분해하는 기능을 계속 발달시키지요. 동물과 식물은 서로 살아남기 위해 매일매일 전쟁을 치른답니다.

식물 상식

소나무 숲에는 왜 소나무만 살까?

소나무 숲을 자세히 살펴보면 주변에 소나무 외에 다른 식물을 발견하기 힘들 거예요. 소나무는 다른 식물이 자기 주변에서 자라지 못하게 화학 물질을 내보내요. 주변에 다른 나무가 자라면 충분한 햇빛과 물을 얻기 어려워 잘 자랄 수 없으니까요. 소나무에서 나온 화학 물질은 다른 식물을 공격해 결국 죽게 만들어요. 소나무는 자신이 가진 특별한 물질로 경쟁자를 물리치고 햇빛이 잘 드는 곳에서 무럭무럭 자라요.

우린 서로
돕고 살아요

나비가 꽃의 꽃가루받이를 도와주고 대신 꿀을 얻는 것처럼, 자연에서는 서로 돕고 사는 생물이 많아요. 이렇게 서로 도움을 주고받는 관계를 '공생'이라고 해요.

콩과 식물과 뿌리혹박테리아는 대표적인 공생 생물이에요. 땅콩, 완두와 같은 콩과 식물들의 뿌리에는 뿌리혹박테리아라는 세균이 혹처럼 붙어살아요. 콩과 식물은 뿌리혹박테리아의 도움을 받아 식물이 잘 자라고 열매를 맺는 데 중요한 양분인 질소를 얻어요. 뿌리혹박테리아는 공기 중에 있는 질소를 흙 속에서 질소 비료로 바꾸는 일을 하거든요. 공기 중에도 질소가 78%나 있지만, 기체 상태의 질소는 식물이 이용할 수 없어요. 뿌리혹박테리아 덕분에 콩과 식물은 척박한 땅에서도 무럭무럭 자랄 수 있지요. 게다가 쓰고 남은 질소를 땅에 주기 때문에 땅도 전보다 훨씬 기름지게 되어 식물이 잘 자랄 수 있어요. 콩과 식물은 질소를 얻는 대신 뿌리혹박테리아에게 영양분을 공급한답니다.

가시아카시아와 개미도 공생을 해요. 개미는 가시아카시아의 큼직한 가시가 달린 줄기 속에 둥지를 틀고 가시아카시아가 제공해 주는 먹이를 먹고 살아요. 먹이를 얻는 대신 개미는 바람에 날아오는 곰팡이를 막아서 가시아카시아가 감염되지 않게 해 주지요.

다른 식물에 붙어 살아요

식물 중에는 다른 식물에 붙어서 사는 것도 있어요. 두 생물의 관계에서 한 생물이 다른 생물에게 피해를 주면서 자신은 이익을 얻는 것을 기생이라고 해요. 새삼이나 겨우살이가 대표적인 기생 식물이에요.

새삼은 싹이 트면 실처럼 생긴 가늘고 긴 줄기가 자라나서 기생할 식물을 찾아요. 적당한 식물을 발견하면 그 식물의 줄기를 감싸 올라가지요. 이때 새삼을 기생 식물이라고 하고, 새삼이 감싼 식물을 숙주 식물이라고 해요. 새삼은 숙주 식물의 줄기 깊숙이 기생뿌리를 박아 넣고 자라는 데 필요한 물과 영양분을 빼앗아요. 새삼은 숙주 식물의 영양분을 빼앗아 먹으면

새삼

노란 실처럼 가느다란 새삼의 줄기가 다른 식물을 감고 자라고 있어요.

겨우살이

겨우살이는 다른 나무줄기에 뿌리를 박고 살아요.

서 점점 자라지요. 새삼의 가는 줄기가 숙주 식물을 감아 올라가 잎까지 뒤덮으면 숙주 식물이 영양분을 만들지 못하고 말라 죽기도 한답니다.

　겨우살이도 다른 식물에 붙어서 사는 기생 식물이기는 하지만 새삼과는 조금 차이가 있어요. 겨우살이는 잎이 있어 스스로 광합성을 할 수 있거든요. 겨우살이도 숙주 식물의 줄기에 뿌리를 박아 영양분을 빨아들여요. 이 때문에 숙주 식물이 자라는 속도가 느려지기는 하지만 숙주 식물이 죽지는 않아요.

　두 식물 모두 기생을 하지만 조금 다르죠?

식물들이 죽어 가요

지구가 생기고 수백만 년의 긴 시간이 지나면서 오래전에 살던 식물들은 하나둘씩 사라지고, 수많은 식물이 새로 생겨나고 있어요. 하지만 요즘 식물이 지구상에서 없어지는 속도는 정상적인 속도에 비해 너무나도 빠르다고 해요. 지금도 한 시간에 한 종의 식물이 지구에서 사라지고 있다고 하니까요. 이렇게 빠른 속도로 식물이 지구에서 사라지는 까닭은 무엇일까요?

사람들의 이기심이 식물을 죽여요

생활에서 식물이 쓰이지 않는 곳이 없을 정도로 많이 이용되는 것을 알고 있을 거예요. 우리는 일회용 나무젓가락과 이쑤시개를 만들기 위해 지금도 나무를 베고 있어요. 아침저녁으로 보는 신문이나 책을 만들기 위해서도 말이에요. 그뿐 아니에요. 도로를 닦기 위해, 혹은 공장을 짓기 위해서 산을 깎아요. 우리가 먹는 고기를 주는 소를 키우기 위해서도 많은 숲이 잘려 나가고 있지요.

산에 자라는 나무와 함께 풀도 잘려 나가지만 이런 식물들에 대해서는 깊이 생각하지 않아요. 넓고 잘 뚫린 길이 나서 예전보다 더 빨리 다닐 수 있고, 공장이 생겨서 생활에 편리한 물건들이 더 많이 나오는 건 즐거워하면서 말이에요.

오염된 공기 때문에 식물이 숨을 쉴 수 없어요

사람들이 농사를 지으면서 뿌린 농약은 땅을 병들게 하고 물을 오염시켜요. 자동차를 타고 다닐 때 나오는 배기가스, 생활하면서 버리는 쓰레기는 땅을 오염시켜서 식물이 점점 살기 힘들게 만들지요.

도시의 가로수들을 본 적이 있나요? 자동차에서 나오는 배기가스나 공사장의 먼지 등으로 호흡을 못해 잎이 시들어 가고 있어요. 도시에는 공기의 수증기에 오염 물질이 섞여 한곳에 머무는 스모그 현상이 나타나는데, 이것은 식물뿐만 아니라 인간과 동물에게도 치명적인 해를 입혀요.

열대 우림이 위기에 처했어요

수많은 식물이 살아서 식물의 보물 창고라고도 하는 아마존 열대 우림에서는 지금도 하루에 축구장 100개 넓이의 숲이 사라지고 있어요. 사람들이 많아지면서 숲을 없애고 그 자리에 농사를 짓기 위해서지요. 이대로라면 30년 안에 거의 모든 열대 우림이 없어질 거라고 해요. 숲이 없어지면 그 안에서 살던 희귀한 동물과 식물도 살 곳을 잃어서 모두 함께 없어질 수밖에 없어요.

열대 우림 속에는 아직 발견되거나 연구되지 않은 많은 식물이 살아요. 우리가 유용하게 쓰는 많은 약을 식물에서 얻은 성분으로 만든다는 것을 생각해 보면, 나중에 어떤 병을 치료하기 위해 꼭 필요한 식물을 우리가 지금 죽이고 있는 건지도 몰라요.

식물 상식

식물을 살리기 위해 우리가 할 수 있는 일은?

환경 오염으로 죽어가는 식물을 살리기 위해 우리가 가장 쉽게 할 수 있는 일은 일회용품의 사용을 줄이는 거예요. 가족끼리 나들이를 할 때 일회용 나무젓가락을 쓰는 대신 쇠젓가락을 쓰는 것만으로도 많은 식물을 살릴 수 있어요. 공책이나 수첩을 함부로 찢어 버리지 않고 아껴서 사용하면 그만큼 베어 없어지는 나무를 살릴 수 있지요.
용돈을 모아서 환경을 보호하는 단체에 성금을 내거나, 이런 단체들의 활동에 관심을 가지고 가족이나 친구들과 함께 참여하는 것도 좋은 방법이에요. 주변 사람들과 환경을 보호해야 한다는 마음가짐을 공유하고 나면 생활 자세도 달라질 거예요.

우리나라에서 점점 보기 힘들어요

제주도에 사는 한란이나 돌매화나무 등은 우리나라에서 점점 사라지고 있어요.

추운 겨울인 12~1월에 꽃을 피우는 한란은 우리나라에서는 제주도에서만 자라는 희귀한 식물이에요. 꽃이 매우 향기롭고 예뻐서 사랑받는 식물이지만, 사람들이 함부로 채취해서 지금은 보기 힘들어졌어요. 천연기념물로 지정해서 보호하는데도 그 수는 점점 줄어들고 있어요.

돌매화나무는 한라산 꼭대기의 바위틈에서 자라는 아주 작은 나무예요. 나무라고는 하지만 키가 10cm를 넘지 않으니 웬만한 풀보다도 작지요. 돌매화나무는 습도가 높고 여름에도 온도가 낮은 환경에서만 사는 희귀 식물이에요. 하지만 자연이 파괴되면서 점점 사라져 가고 있어요.

따뜻한 남부 지방에서 볼 수 있는 나도풍란도 점점 보기 힘들어지는 식물이에요. 나무의 줄기나 바위에 붙어사는 나도풍란은 굵은 뿌리를 밖으로 드러내고 자라요. 밖으로 드러난 뿌리로 땅속에 있는 물 대신 공기 중에 있는 수분을 흡수하지요. 예쁜 꽃 때문에 난을 기르는 사람들에게 인기가 많아요. 하지만 사람들이 함부로 채취하면서 자연 상태에서 점점 사라지고 있다니 정말 안타까운 일이지요.

10년, 20년이 지나도 자연에서 사는 한란, 돌매화나무, 나도풍란을 모두 함께 볼 수 있도록 같이 노력해야 해요.

12~1월에 꽃을 피우는 한란은 추울 때 꽃이 피기 때문에 한란이라는 이름이 붙었어요.

한라산 꼭대기 바위틈에서 자라는 돌매화나무. 전 세계 나무 중 가장 키가 작아요.

외국에서 들어와 살아요

식물은 다른 나라로 옮겨져서 뿌리를 내리고 살기도 하는데, 이런 식물을 귀화 식물이라고 해요.

교통수단이 발달하고, 나라와 나라 간의 무역이 활발해지면서 식물의 이동이 더 많아졌어요. 외국에서 수입되는 동물의 몸이나 목재에 씨가 붙어 우리나라로 들어오기도 하고, 알지 못하는 사이에 사람의 몸이나 짐 속에 씨가 묻어오기도 해요. 비행기나 배를 타고 다른 나라에서 온 씨가 비행장이나 항구 주변에서 싹을 틔우기도 하지요.

돼지풀이나 개망초, 서양민들레는 어떻게 들어왔는지 모르게 우리나라로 와서 자라는 귀화 식물이에요.

생명력이 강한 돼지풀은 꽃가루 때문에 호흡기 질환을 일으키기도 해요.

북아메리카가 고향인 개망초는 이제 우리나라 어디에서나 쉽게 볼 수 있는 풀이에요.

이에 비해 헐벗은 산에 심기 위해 들여온 아까시나무나 사료로 쓰기 위해 들여온 자운영, 목초로 재배하기 위해 들여온 토끼풀은 목적을 가지고 들여온 귀화 식물이지요. 사람들에게 재배되다가 야생 상태에서 자라면서 귀화 식물이 된 거예요.

현재 우리나라에서 사는 귀화 식물은 220종이 넘어요. 이 중에는 피해를 끼치는 식물들도 있어요. 어디에서든 잘 사는 돼지풀은 꽃가루를 날려서 사람들에게 알레르기를 일으켜 고통을 주기도 해요. 귀화 식물은 생명력이 강한 것들이 많기 때문에 우리 고유의 토종 식물들이 자랄 자리를 빼앗기도 하지요.

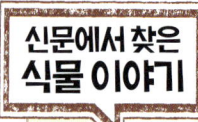
신문에서 찾은 **식물 이야기**

무기 없는 전쟁, 종자 전쟁

혹시 '종자 전쟁'이라는 말을 들어 본 적이 있나요? 종자는 생물이 번식하는 데 필요한 기본 물질인 씨앗을 말해요. 이런 종자를 새로 만들 경우 지식재산권이 보호되기 때문에 각 나라에서 신품종을 개발하는 데 힘을 쏟고 있어요.

예를 들면 우리나라에서 맛있고, 병충해에 강한 토마토 종자를 새로 만들었다면 다른 나라에서는 이 토마토를 재배하기 위해 우리나라에 돈을 지불해야 하지요.

실제 우리나라 토종 털개회나무를 미국의 한 교수가 가져가 개량해 '미스킴라일락'이라는 이름을 지었어요. 미스킴라일락은 미국 라일락 시장의 30%를 차지할 정도로 최고 인기 품종이 되었고, 우리나라로 다시 수출하기도 했지요. 구상나무도 마찬가지예요. 매년 크리스마스가 되면 각종 장식을 달고 거리에 있는 나무가 바로 구상나무예요. 구상나무는 전 세계에서 우리나라에서만 자라던 나무였어요. 이 구상나무 종자를 미국에서 개량해 신품종을 만들어 크리스마스의 상징이 된 거죠. 우리나라 토종 라일락과 구상나무로 개량한 종자를 우리가 다시 돈을 주고 사와야 한다니 억울하죠?

우리나라는 2002년 1월 7일 국제식물신품종보호연맹에 가입하여 협약에 따라 2012년 1월 7일자로 품종보호 대상작물이 모든 작물로 확대되었어요. 협약에 따르면 신품종을 개발해 판매하면 최소 20년 동안 지식재산권을 가질 수 있어요. 이 신품종을 재배하는 사람은 개발한 사람에게 무조건 돈을 지불해야 하는 거예요.

상품 가치가 높은 종자는 금보다 비싸게 팔리기도 해요. 검은 빛을 띠는 방울토마토 종자 1g의 가격은 7만 5천 원으로 금보다 더 비싸답니다.

식물들의 환경 적응기

7장

세계 지도를 펼쳐 놓고 식물이 살지 않는 곳을 짚어 보라고 하면 어디를 고르겠어요?

일 년 내내 영하의 기온에 눈보라가 몰아치는 얼음 덩어리로 된 남극 대륙?

뜨거운 햇볕 때문에 물이 부족한 사막?

지구 어디에도 식물이 살지 않는 곳은 없어요. 얼음 덩어리인 남극 대륙, 물이 부족한 사막,

덥고 습한 열대 우림, 올라갈수록 기온이 떨어지는 높은 산, 숨을 쉬기 힘든 물속까지 말이에요.

이런 힘든 조건에서 식물들은 어떻게 적응해서 살아갈까요?

오들오들, 극지에 사는 식물

끝없이 펼쳐진 새하얀 눈과 커다랗게 솟아 있는 얼음 덩어리들이 둘러싸고 있고, 한 치 앞도 볼 수 없을 정도로 세찬 눈보라까지 몰아치는 풍경! 바로 남극 대륙과 북극 지방의 모습이에요.

남극 대륙은 지구의 남쪽 끝에 있는 남극을 포함하는 대륙으로 전체 면적의 98%가 얼음으로 덮여 있는 세계에서 가장 추운 지역이지요. 얼음도 그냥 얼음이 아니라 두께가 평균 2,200m가 넘는 두꺼운 얼음들이니 얼음산이라고 표현해도 될 정도랍니다.

남극 대륙은 우리나라와 계절이 반대예요. 5월부터 8월까지가 겨울이고, 12월부터 이듬해 2월까지가 여름이지요. 겨울인 7월에는 내륙 지방의 기온이 영하 40℃에서 70℃까지 내려가고, 날씨가 가장 따뜻한 1월에

도 기온이 영하 15℃에서 30℃밖에 되지 않아요. 게다가 사시사철 불어 대는 강한 바람 때문에 사람이 똑바로 서서 걷기도 어려워요. 때로는 숨 쉬기조차 힘들 정도지요. 이런 환경 때문에 남극 대륙에서는 식물이 자라기가 아주 힘들어요. 강하고 건조한 바람까지 불기 때문에 나무는 전혀 자라지 못하지요.

이렇게 열악한 환경 속에서도 자라는 식물이 있어요. 바로 이끼예요. 이끼가 촘촘하게 나 있는 모습은 마치 양탄자를 깔아 놓은 것 같아요. 이끼는 땅 가까이에서 낮게 자라기 때문에 추위나 바람에 열을 빼앗기지 않고 온도를 유지할 수 있어요. 때가 되면 홀씨로 번식을 한답니다.

남극 대륙에도 꽃을 피우는 식물이 있어요. 데스캄프시아와 콜로반투스라는 이름의 식물이지요. 두 식물 모두 습기가 많은

남극에서도 습기가 많은 곳에서 자라는 콜로반투스는 꽃이 매우 작아 맨눈으로 발견하기 어려워요.

아주 추운 남극 대륙에서도 사는 식물이 있어.

난 아주 추운 곳에서도 살 수 있어. 강한 생명력을 가졌다고.

곳에서 자라는데, 꽃이 너무 작아서 맨눈으로는 보기 힘들어요. 눈을 크게 뜨고 돋보기로 보아야만 겨우 찾을 수 있지요. 이 식물들은 남아메리카와 남극을 오가는 새인 도둑갈매기에 의해 씨가 남극에 퍼진 거예요.

　북극 지방은 북극점 주위의 북위 66° 이북 지방을 말해요. 북극해와 수천 개의 섬과 유럽, 아시아, 북아메리카 대륙의 북부가 북극 지방에 속해요. 남극 대륙이 하나의 커다란 대륙인 것과는 다르지요.

북극양귀비는 여름철 북극 툰드라에서 사는 야생화예요.

겨울이 되면 북극해가 모두 얼어서 거대한 얼음 층으로 변해요. 하지만 아주 두꺼운 남극 대륙의 얼음에 비해 북극 지방의 얼음은 두께가 3~4m 정도로 비교적 얇은 편이에요. 가장자리로 갈수록 더 얇아져서 여름이 되면 북극해 연안의 얼음 층이 서서히 녹기 시작하고 기온도 올라가지요.

북극 지방은 남극 대륙에 비하면 식물이 살기에 좋은 환경이에요. 여름인 7월과 8월이 되면 거의 대부분 지역의 눈과 얼음이 녹거든요. 여름에도 기온이 10℃를 넘지는 않지만, 짧게나마 따뜻한 기간이 계속되고요. 그래서 북극 지방에는 남극 대륙보다 많은 종류의 식물이 자란답니다. 여러 종류의 풀과 이끼가 자라고, 초여름 툰드라(북극의 차가운 평원)에는 북극범의귀, 북극양귀비, 야생 히아신스, 루핀 등이 꽃을 활짝 피우지요. 대신 북극에 사는 식물들은 짧은 여름 동안 재빨리 꽃을 피워서 씨를 맺어야 하기 때문에 아주 바쁘답니다.

북극 지방에 사는 식물들은 낮은 온도와 세찬 바람에 적응해서 살다 보니 다른 지역에 사는 식물보다 키가 작고, 자라는 기간도 짧아요. 루핀의 경우에는 다른 지역에서는 키가 60cm 정도로 자라지만 북극 지방에서는 그만큼 자라지 못해요. 몇몇 종류의 버드나무나 가문비나무도 자라는데, 차고 메마른 바람을 피해서 기울어져 자란납니다.

시원시원, 냉대 기후에 사는 식물

　가장 추운 달의 평균 기온이 영하 3℃ 아래이고, 가장 따뜻한 달의 평균 기온이 영상 10℃ 이하인 기후를 냉대 기후라고 해요. 겨울이 길고 추우며, 여름은 짧고 기온이 높기 때문에 여름과 겨울의 온도 차이가 아주 크지요.

　우리나라의 북부 지방과 중국의 북부 지방, 캐나다, 시베리아 동부가 냉대 기후에 속해요. 냉대 기후에서는 타이가라고 하는 넓게 펼쳐진 침엽수림을 쉽게 볼 수 있어요. 침엽수란 말은 잎이 바늘처럼 생긴 나무라는 뜻으로 전나무, 가문비나무, 소나무 등이 있지요.

　냉대 기후는 날씨가 춥고 햇볕이 적기 때문에 나무들이 광합성을 활발

전나무(왼쪽)와 가문비나무(오른쪽)는 소나뭇과에 속하는 침엽수림이에요.
추위에 강해 어디서나 겨울을 견딜 수 있지요.

냉대 기후에 넓게 펼쳐진 침엽수림인 타이가의 모습이에요.

냉대 기후에 사는 식물의 잎은 뾰족뾰족해.

히 할 수 없어요. 그래서 식물의 잎이 넓을 필요가 없지요. 날씨가 건조한데 잎이 넓으면 물을 많이 빼앗겨서 오히려 나무가 살기 힘들어요.

침엽수의 가늘고 길쭉한 잎은 두꺼운 층으로 싸여 있어 물이 증발하는 것을 한 번 더 막아 줘요. 그래서 냉대 기후에는 좁은 잎으로 광합성을 하면서 천천히 자라는 침엽수들이 많이 산답니다.

영하로 내려가는 추운 날씨에도 잎이 얼지 않는 까닭은 무엇일까요? 날씨가 추운 한겨울이 되어도 바닷물은 얼지 않아요. 바닷물에는 소금기가 있어서 어는점이 낮기 때문이지요. 침엽수도 겨울이 되면 잎에 있는 당분의 농도를 높여서 어는점을 낮춰 추위에도 잎이 얼지 않는답니다.

따뜻따뜻, 온대 기후에 사는 식물

온대 기후는 가장 추운 달의 평균 기온이 영하 3℃~영상 18℃ 사이에 있는 기후를 말해요. 우리나라처럼 사계절이 뚜렷하고 기온과 강수량이 적합한 온대 기후 지방에는 사람들이 많이 모여 살지요.

온대 기후에는 다양한 종류의 식물들이 자라고 있어요. 잎이 넓고 가을이면 낙엽이 지는 활엽수도 자라고, 겨울에도 늘 푸른 침엽수도 자라지요. 숲에는 계절마다 다양한 들풀이 싹을 틔우고 꽃을 피우며, 열매를 맺는답니다. 우리나라의 봄, 여름, 가을, 겨울의 들과 산의 모습을 생각해 보면 될 거예요.

너도밤나무, 밤나무, 단풍나무 같은 잎이 넓은 활엽수는 계절에 맞추어 살아요. 봄이 되면 새잎이 돋고, 햇빛이 많이 비치는 여름이면 잎이 무성해지고 색깔도 짙어지면서 광합성을 활발히 하지요.

날씨가 쌀쌀해지는 가을이 되면 단풍이 지면서 겨울을 맞을 준비를 해요. 그리고 추운 겨울이 되면 잎을 모두 떨어뜨린 채로 겨울을 나지요.

온대 기후에도 기온에 따라 전나무나 소나무 같은 침엽수가 자라요. 침엽수들은 사계절 내내 바늘 모양의 푸른 잎을 달고 있지요. 그런데 예외가 있어요. 바로 낙우송이에요. 낙우송은 침엽수인데도 해마다 잎이 떨어진답니다.

온대 기후는 계절의 변화가 뚜렷해서 다양한 식물이 산단다.

나무껍질이 붉은 갈색을 띠는 낙우송은 침엽수지만 해마다 잎이 떨어져요.

쌍떡잎식물인 너도밤나무는 우리나라 고유종으로 울릉도에서 자라요.

헉헉 더위,
열대 기후에 사는 식물

영화 속에서 하늘이 보이지 않을 정도로 뒤덮인 숲이 있고, 그 사이로 평소에는 보지 못하던 이상한 식물, 커다란 뱀, 무시무시하게 생긴 곤충들이 사는 아마존강 주변의 숲을 본 적이 있나요?

아마존의 다양한 식물들

남아메리카에 있는 아마존강 주변은 대표적인 열대 우림 기후예요. 우리나라 땅 넓이의 7배가 넘는 이곳은 날씨 변화가 거의 없고, 일 년 내내 덥고 비가 내려서 식물이 자라는 데 꼭 필요한 햇빛과 물이 풍부한 곳이지요. 그래서 아주 많은 종류의 식물이 살아요. 현재 지구상에 있는 꽃이 피는 식물 가운데 5분의 1이 넘는 종류가 발견되었고, 아직 발견되지 않은 식물도 많아요. 아마존은 수많은 식물이 살면서 산소를 잔뜩 만들기 때문에 지구의 허파라고 불려요. 이곳에선 식물들이 어떻게 살고 있을까요? 열대 우림에 사는 식물들은 여러 개의 층을 이루면서 자라요. 하늘에서 보면 푸른 숲 위로 우산처럼 뾰족 튀어나와 있는 나무를 볼 수 있어요. 가장 높이 자라는 이 나무들은 키가 40m 이상 된답니다. 넓고 진한 녹색의 두꺼운 잎으로 햇빛을 마음껏 받고 양분을 만들지요. 높은 곳은 바람이 아주 세게 불기 때문에 거친 바람에도 잘 견딜 수 있게 잎이 가죽처럼 아주 두꺼워요.

야자나무는 주로 열대나 아열대 기후에 사는 나무로, 우리나라에서는 제주도에서 볼 수 있어요.

뾰족 튀어나온 나무 밑으로는 키가 25~30m 되는 나무들이 빽빽이 자라요. 나무에서 뻗어 나온 수많은 가지와 잎이 하늘을 온통 뒤덮고 있지요.

나뭇가지와 잎들이 천막처럼 햇빛을 가리기 때문에 그 아래쪽은 그늘지고 어두워요. 그래서 햇빛을 받기 힘든 줄기의 중간과 아랫부분에는 잎이 거의 나지 않아요.

이런 키가 큰 나무의 나뭇가지에는 꽃들이 뿌리를 드러내고 달라붙어 있는 것을 볼 수 있어요. 어두운 숲 아래쪽은 햇빛이 적기 때문에 햇빛이 비치는 곳을 찾아 나무의 높은 곳에 붙어서 생활하는 것이지요.

보통 식물은 땅속 깊이 박고 있는 뿌리에서 물을 흡수하는데 이런 식물들은 어떻게 물을 얻을까요? 그 비밀은 뿌리에 있어요. 열대 우림은 공기 중에 습기가 많아서 밖으로 드러난 뿌리로 공기 중에 있는 습기를 흡수해 필요한 물을 얻는답니다.

수없이 많은 식물과 동물이 살고 있는 아마존 숲.

열대 우림 속 햇빛을 받아라!

열대 우림에서는 나무줄기를 휘감고 있는 덩굴 식물도 흔히 볼 수 있어요. 이런 덩굴 식물들은 햇빛을 받기 위해 다른 나무의 줄기를 감고 올라간답니다. 숲의 바닥에서 사는 식물은 햇빛을 조금이라도 더 받기 위해 잎이 크게 자라요. 어떤 식물의 잎은 비가 내리면 우산 대신 쓸 수 있을 정도로 크지요. 하지만 숲의 바닥에는 햇빛이 비치지 않는 곳에서도 잘 자라는 고사리 같은 양치류와 이끼가 대부분이에요.

열대 지방에 사는 식물들은 보통 화려하고 꿀이 많은 꽃을 피워요. 다른 동물들이 쉽게 알아채고 꿀을 먹을 수 있도록 꼭대기에 꽃을 피운답니다.

식물 상식

열대에 사는 특이한 꽃 타이탄 아룸

인도네시아의 수마트라에 사는 타이탄 아룸은 생김새뿐 아니라 여러 가지 면에서 별난 식물이에요. 주름치마를 거꾸로 세워 놓은 것 같은 꽃잎이 있으며, 다 자라면 키가 2.5m가 넘는다고 해요. 타이탄 아룸의 꽃은 /년에 한 번씩 피기 때문에 웬만해선 보기 힘들어요. 꽃이 핀 모습을 본 사람은 운이 좋은 거라고요? 글쎄요. 커다란 꽃에서 생선 썩는 아주 지독한 냄새가 나서 꽃 주변을 지나가는 사람은 누구나 코를 막을 수밖에 없다고 하는데 과연 운이 좋은 걸까요? 꽃이 핀 지 이틀 후면 시들어 버린다고 하니 오히려 다행인 것 같네요.

물이 부족해, 사막에 사는 식물

사막은 강수량이 아주 적고, 햇빛이 쨍쨍 내리쬐기 때문에 물이 아주 잘 증발하는 곳이에요. 넓은 사막 중에는 일 년 내내 비가 오지 않는 곳도 있고, 비가 오는 우기와 비가 오지 않는 건기가 번갈아 오는 곳도 있어요. 그러나 보통 우기는 짧고, 건기는 길기 때문에 땅은 언제나 건조하고 물이 아주 귀하답니다.

보통의 식물이 햇빛을 차지하기 위해 경쟁한다면, 사막에 사는 식물들은 물을 차지하기 위한 경쟁이 치열해요. 사막 식물에게는 다음 비가 올 때까지 어떻게 견디느냐가 아주 중요하기 때문이지요.

사막에 적응한 선인장

선인장은 이런 환경에 잘 적응한 식물이에요. 물이 부족한 사막에서는 잎이 있으면 증산작용이 일어나 부족한 물을 너무 많이 빼앗겨요. 그래서 선인장은 잎이 가시처럼 변했어요. 이런 잎은 물이 빠져나가는 것을 막을 뿐 아니라 사막에 사는 초식 동물을 물리치는 좋은 무기도 되어요. 사막에는 선인장의 줄기에 저장해 둔 물을 노리는 동물들이 많거든요.

둥근 모양이나 촛대 모양 등 다양한 모습의 선인장의 몸은 사실 줄기예요. 줄기에는 기공과 엽록소가 있어서 광합성을 할 수 있지요. 선인장은 서늘한 밤에 기공을 열어 줄기에 이산화탄소를 저장해요. 그리고 뜨거운 낮이 되면 밤에 저장한 이산화탄소를 이용해 광합성을 한답니다. 기공을 통해서 줄기에 있는 물이 밖으로 빠져나가는 증산작용을 최소화하기 위해서예요. 줄기는 수분이 밖으로 빠져나가지 못하도록 두꺼운 껍질로 싸여 있어요. 공이나 원기둥 모양인 것이 많아 햇볕과 바람을 받는 면적을 최대한 줄이지요. 선인장의 줄기에 세로로 난 많은 주름도 사막에서 잘 견딜 수 있는 비결 중 하나예요. 건기에는 주름을 접어 몸을 최대한 줄였다가, 비가 내리는 우기에는 주름을 팽팽하게 펴서 몸을 최대한 크게 늘려 수분을 잔뜩 빨아들여요. 이렇게 저장한 물을 조금씩 쓰면서 건기를 견딘답니다.

사막에 적응하며 사는 식물들

그럼 사막에 사는 다른 식물들은 어떻게 목마름을 견디면서 살까요? 한해살이 식물들은 대부분의 기간을 씨 상태로 살아요. 일 년밖에 살지 못하는데 물도 적고 햇볕이 쨍쨍 내리쬐는 곳에서 힘들게 살기보다는 가뭄을 피해 씨 상태로 몇 달이고 모래 속에 숨어서 비가 오기를 기다리는 것이지요. 비가 내리면 재빨리 자라서 꽃을 피우고, 열매를 맺어 씨를 퍼뜨리고 난 후 죽어요. 싹이 터서 씨를 퍼뜨리기까지의 모든 과정이 20일도 채 되지 않는 짧은 기간 동안 이루어져요.

여러해살이 식물들도 다양한 방법으로 물이 부족한 환경을 이겨 내요. 그중 한 가지 방법은 뿌리를 발달시키는 거예요. 뿌리를 깊고 넓게 퍼뜨려서 땅속 깊이 숨어 있는 물을 찾아내는 것이지요. 뿌리를 지하 30m 깊이까지 뻗는 나무도 많다고 해요.

콩과 식물인 메스키트는 뿌리를 땅속 58m까지 뻗어 내려가 지하에 있는 물을 빨아들여요.

회전초는 물이 부족하면 공처럼 사막을 굴러다니다 비가 오면 다시 줄기를 뻗으며 자라요.

 잎을 모두 떨어뜨려 수분이 빠져나가지 못하게 하고, 대신 아주 천천히 자라는 방법을 택하는 식물도 있어요. 이런 식물들은 비가 오는 동안에 물을 마음껏 흡수해서 빨리 자라지요.

 회전초는 물이 부족하면 바싹 말라서 속이 빈 공처럼 되어 뿌리까지 뽑혀요. 바람이 불면 사막을 이리저리 굴러다니면서 사방에 씨를 뿌리지요. 그리고 비가 오면 다시 녹색 줄기를 뻗으면서 자란답니다.

 사막에 사는 식물들도 꽃가루받이를 해서 자손을 번식시켜야 해요. 그래서 많은 꽃은 곤충들이 나오는 때에 맞추어 꽃을 피운답니다. 백합류는 땅속에서 비늘줄기 상태로 잠자고 있다가 비가 오면 싹을 틔우고 강한 향기를 내서 꽃가루받이를 해 줄 동물을 끌어들여요. 사막이라고 모래만 있는 황량한 곳은 아니에요. 오아시스가 있거나, 비교적 비가 많이 내리는 곳에는 아름다운 꽃과 큰 나무도 많답니다.

첨벙첨벙, 물에 사는 식물

고궁이나 공원, 커다란 절 등에 있는 연못에서 연못 가득 식물들이 자라는 모습을 본 적이 있을 거예요. 땅 위뿐 아니라 연못이나 늪 등 물에도 여러 종류의 식물이 살아요. 물 위를 둥둥 떠다니는 개구리밥이 있는가 하면, 뿌리는 물 밑 흙 속에 있고 잎과 꽃만 물 위에 떠 있는 연꽃도 있어요. 검정말이나 나사말은 물속에 잠겨서 살지요.

식물이 물에서 숨 쉬는 방법

여름에 수영을 하려고 물속에 들어갔다가 숨을 채 1분도 참지 못한 경험이 있을 거예요. 식물이든 동물이든 살려면 쉬지 않고 숨을 쉬어야 해요. 물속은 공기가 부족하기 때문에 물에 사는 식물들에게는 숨을 쉬는 것이 중요해요. 그래서 공기를 잘 흡수하고 저장할 수 있도록 몸을 발달시켰어요.

연꽃을 보면 물에 사는 식물의 특징을 잘 알 수 있어요. 식물은 기공이라는 작은 구멍을 통해 숨을 쉬는데, 땅에 사는 식물은 기공이 잎의 뒷면에 많이 있어요. 하지만 잎과 꽃이 물 위에 떠 있는 연꽃은 물과 닿아 있는 잎의 뒷면 대신 물 위에 드러나 있는 잎의 앞면에 무수히 많은 기공이 나 있답니다. 연꽃은 이 기공을 통해 공기를 잔뜩 흡수하지요. 잎의 앞면에는 얇은 기름막이 있어서 물이 튀겨도 묻지 않고 미끄러지기 때문에

기공을 막을 일도 없어요.

  연꽃의 잎자루에는 기다란 관 모양을 한 공기 통로가 있어서 연꽃의 무게를 가볍게 하고 연꽃이 물에 떠 있을 수 있도록 해 줘요. 이 공기 통로는 땅속으로 가로로 길게 뻗어 있는 땅속줄기까지 연결되어 있지요.

  우리가 반찬으로 많이 먹는 연근에는 구멍이 많이 뚫린 것을 볼 수 있는데, 바로 이 연근이 연꽃의 땅속줄기예요. 잎에서 빨아들인 공기는 공기 통로를 통해 잎자루와 땅속줄기까지 보내져서 공기가 적은 물속에서도 숨을 쉴 수 있답니다.

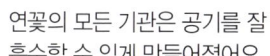

연꽃의 모든 기관은 공기를 잘 흡수할 수 있게 만들어졌어요.

물에 잘 뜨는 이유

몸 전체가 물에 잠겨 있는 붕어마름의 줄기를 잘라 보면 빈틈이 아주 많아요. 이 틈으로 물에 녹아 있는 공기와 무기 양분을 빨아들이지요. 빈틈이 많으면 몸이 가벼워져서 물에 잘 떠 있을 수 있어요.

검정말이나 나사말처럼 물속에 잠겨서 사는 식물은 잎과 줄기가 아주 얇고 부드러워요. 만약 장미나 튤립처럼 줄기가 딱딱하다면 이리저리 흐르는 물 때문에 부러지기 쉽겠지요. 그런데 줄기나 잎이 부드럽고 가늘면 물의 흐름에 따라 자연스럽게 움직일 수 있어요.

습지에서 자라는 식물인 노란꽃창포는 6~7월에 노란 꽃이 활짝 펴요.

쌍떡잎식물 수련과인 순채는 연못에서 자라면서 뿌리줄기가 옆으로 뻗고, 잎은 물 위에 떠요.

물속에서 살아남기

물에 사는 식물도 햇빛을 이용해서 광합성을 해야 해요. 그런데 물 밑으로 내려갈수록 햇빛의 양이 점점 줄어들어 광합성을 하기 힘들지요. 하지만 물속에 사는 식물들은 수면에서 물 밑으로 약하게 내리쬐는 햇빛에도 광합성을 할 수 있답니다.

개구리밥처럼 물 위에 떠서 사는 식물은 꼿꼿이 서 있을 필요가 없어서 줄기가 발달하지 않았어요. 물속에 잠겨 있는 뿌리로 물에 있는 양분을 흡수하지요. 뿌리는 물결이 움직일 때 식물이 뒤집히지 않도록 중심을 잡아주는 추 역할도 해요. 식물마다 물에서도 잘 살아갈 수 있도록 몸을 적응시킨 방법, 정말 다양하죠?

식물 상식

물을 깨끗하게 해 줘요

물에 사는 식물 중에는 해로운 물질을 흡수하는 능력이 뛰어난 것들이 있어요. 물에 떠서 사는 식물인 부레옥잠도 그중 하나예요. 더러워진 저수지나 연못에는 질소나 인 등이 많은데, 부레옥잠은 물속에 늘어뜨린 뿌리로 이런 물질들을 흡수하지요. 농약이나 중금속에 오염된 물이나 동물의 배설물 등으로 더러워진 물에 부레옥잠을 넣어 기르면 물이 깨끗해져요. 한 가지 단점이 있다면 부레옥잠의 번식 속도가 무척 빠르다는 거예요. 부레옥잠이 갑자기 불어나서 저수지나 연못을 뒤덮어 버리면 연못 아래에 사는 생물들이 햇빛이나 산소를 충분히 받기 힘들어져 죽을 수도 있어요.
애기부들이나 미나리, 꽃창포 등도 물을 깨끗하게 해 주는 식물이랍니다.

생생 식물 화보
신기한 식물을 찾아 식물원으로!

식물에 대해 공부했다면 이제 직접 만나러 갈 차례예요!
식물원이라고 하면 먼 곳에 있을 거라고 생각하기 쉽지만
도시에도 여러 군데 있답니다.
지금부터 수도권에서 식물을 만날 수 있는 장소를 소개할게요!

남산 야외 식물원

위치 서울 용산구 소월로 323
문의 02-798-3771
이용시간 24시간 연중 무휴

남산 아래의 식물원으로 면적이 59,241㎡이며 보유 식물이 13개의 주제로 나누어져 있어요.

관악산 야외 식물원

위치 서울 관악구 신림동 205-1
문의 02-879-6521
이용시간 24시간 연중 무휴

서울대학교 옆 관악산 등산로에 들어서면 오른쪽에 야생화 학습장이 마련되어 있어요. 또한 바로 옆에는 자연학습장이 있는데 감자, 가지 등 19종의 농작물과 동자꽃, 백리향 등을 만날 수 있답니다.

자생식물 학습장

위치 서울 종로구 창경궁로 185
문의 02-762-4868
이용시간 09:00~21:00

창경궁 안에 있는 식물원으로 작은 정원과 수목원이 아담하게 모여 있어요.

홍릉 수목원

위치 서울 동대문구 회기로 57
문의 02-961-2777
이용시간 하절기 10:00~18:00
　　　　　동절기 10:00~17:00

우리나라 최초의 수목원으로 조선왕조 고종의 왕비인 명성황후의 능인 홍릉이 있었던 곳에 조성되어 홍릉 수목원이라 이름 붙였어요. 매주 일요일은 일반인에게, 평일에는 학생 단체 관람객에게 무료로 개방해요.

계양산 산림욕장

위치 인천 계양구 경명대로 955번길 17
문의 032-450-5655
이용시간 24시간 연중무휴

계양산에 있는 삼림욕장은 봄에는 튤립꽃 전시장을 구경하기에 좋고, 가을에는 아름다운 단풍을 즐기기에 좋은 곳이에요.

서울식물원

위치 서울 강서구 마곡동로 161
문의 02-2104-9716
이용시간 3~10월 09:30~18:00
11~2월 09:30~17:00

50만 4000m² 규모의 서울식물원은 국내 최초의 보타닉공원(공원과 식물원을 결합한 형태)으로 열린숲, 주제원, 호수원, 습지원 등 4개 구간으로 이뤄져 있어요.

안산식물원

위치 경기 인산시 상록구 성호로 113
문의 031-481-3168
이용시간 하절기 10:00~18:00
동절기 10:00~17:00

안산 식물원은 시내의 은성호공원에 있어 도심 속에서 자연을 느낄 수 있어요. 특히 피라미드 유리 온실은 안산 식물원의 마스코트예요.

한택식물원

위치 경기 용인시 처인구 백암면 한택로 2
문의 031-333-3558
이용시간 09:00~18:00(계절에 따라 변동 가능)

한택 식물원은 멸종 위기 식물, 자생 식물 및 외래종을 포함하여 9,000여 종이 있는 우리나라 최대 식물원이에요. 환경부에서 희귀 멸종 위기 식물 서식지의 보전 기관으로 지정했어요.

국립 수목원

위치 경기 포천시 소흘읍 광릉수목원로 415
문의 031-540-2000
이용시간 하절기(4~10월) 09:00~18:00
　　　　　 동절기(11~3월) 09:00~17:00

1000만 m² 면적에 침엽수원 관상수원 맹인식물원 등 15개의 전문 수목원으로 구성돼 있어요. 국립 수목원에서는 동양 최대 규모인 산림 박물관도 함께 둘러볼 수 있답니다.

부천 식물원

위치 경기 부천시 길주로 660
문의 032-320-3000
이용시간 하절기(3~10월) 09:30~18:00
　　　　　 동절기(11~2월) 09:30~17:00

부천시의 상징인 복숭아꽃 모양을 형상화하여 유리온실로 건축했어요. 재미있는 식물, 수생 식물, 아열대 식물, 다육 식물, 자생 식물 등 5개의 테마식물관으로 나누어져 있지요.

물향기 수목원

위치 경기 오산시 청학로 211
문의 031-378-1261
이용시간 춘·추절기(3~5월, 9~10월) 09:00~18:00
　　　　　 하절기(6~8월) 09:00~19:00
　　　　　 동절기(11~2월) 09:00~17:00

아기자기하고 다양한 토피어리원, 미로원을 직접 보고 체험할 수 있는 곳. 그 외에도 소나무원, 단풍나무원, 습지생태원, 곤충생태원 등 모두 16개의 테마원을 갖추고 있어요.

선인장 다육 식물 연구소

위치 경기 고양시 일산서구 송산로 464-52
문의 031-229-6161
이용시간 10:00~16:00

선인장 다육 식물 연구소는 경기농업기술원의 소속 기관으로 선인장과 다육 식물 등에 관련된 연구를 하는 곳이에요. 연구소 내에 있는 생태 도시 정원, 온실 등을 견학할 수 있답니다.

은행식물원

위치 경기 성남시 중원구 은행로 72
문의 031-729-4319
이용시간 하절기(6~9월) 09:00~19:00
　　　　　 동절기(10~5월) 09:00~18:00

양묘장과 용도폐기된 배수지를 이용하여 재활용 공간으로 조성된 생태공원이에요. 은행 자연 관찰원에는 다양한 식물과 곤충류들이 서식하고 있어, 인근 학생들의 자연 교육 학습장으로 이용되기도 해요.

평강랜드

위치 경기 포천시 영북면 우물목길 171-18
문의 031-532-1779
이용시간 하절기(4~10월) 09:00~18:00
　　　　　 동절기(11~3월) 09:00~18:00

산정호수 입구에 위치한 평강랜드는 한국 자생식물과 전세계의 식물 5천여 종이 전시되어 있어요. 고산 식물이 모여 있는 암석원을 비롯해 총 12개의 테마원으로 구성된 종합 식물원이랍니다.

아침고요 수목원

위치 경기 가평군 상면 수목원로 432
문의 1544-6703
이용시간 08:30~20:00

20개의 주제를 가진 정원은 아름답게 가꾸어진 잔디밭과 화단, 자연스러운 산책로로 연결되어 있어요. 특히 아름다운 대한민국의 금수강산을 실제 한반도 지형 모양으로 조성한 하경정원은 관광객들의 관심을 가장 많이 끄는 곳이래요.

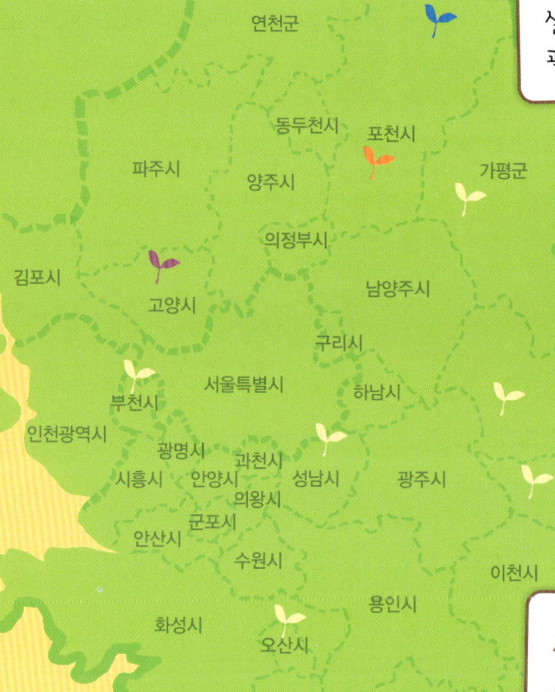

세미원

위치 경기 양평군 양서면 양수로 93
문의 031-775-1835
이용시간 5~6월, 9~10월 09:00~22:00
　　　　　 7~8월 07:00~22:00
　　　　　 11~4월 09:00~18:00

연꽃과 수련, 창포를 주제로 한 수목원으로, 한 강물의 정화 기능도 겸하고 있는 자연 정화 공원이에요. 세미원의 6개 연못을 거친 한강물은 중금속과 부유 물질이 거의 제거된 뒤 팔당댐으로 흘러가요.

해여림 빌리지

위치 경기 여주시 산북면 해여림로 78
문의 031-882-1700
이용시간 09:00~17:30

'온종일 해가 머무르는 여주의 아름다운 숲' 이란 의미를 지닌 해여림 빌리지는 계곡이 흐르고 습지가 많으며 사람들의 발길이 드물어 다양한 수목과 야생 초화류들이 자연 그대로 보존된 곳에 위치해 있어요.

이 책에 나오는 식물들

ㄱ
가막사리 96
가문비나무 148
가새잎갓냉이 68
가시아카시아 128
가시쥐엄나무 125
갈퀴덩굴 47
감나무 52
감자 65, 69, 103
강낭콩 54
개구리밥 28, 53, 164
개망초 138
갯메꽃 47
검정말 28, 162
겨우살이 96, 130
고구마 62
고마리 99
고무나무 39
고사리 42, 100
고추 127
관음죽 82
광대수염 122

국수나무 46
굴나무 27
기니나무 38
끈끈이주걱 14

ㄴ
나도풍란 136
나사말 90, 162
나팔꽃 51, 67, 79
낙우송 151
냉이 113
냉이꽃 80
너도밤나무 151
노란꽃창포 162
노루귀 46
느티나무 34

ㄷ
단풍나무 76, 98
달리아 113
달맞이꽃 88
담쟁이덩굴 63

당근 62
대나무 76
대나무야자 83
대추나무 26
데스캄프시아 145
도깨비바늘 96
도둑놈의갈고리 96
도라지꽃 80
도토리 94
돌매화나무 136
동백꽃 89
동백나무 31, 112
돼지풀 139
두메투구꽃 47
둥글레꽃 79
드라세나 자넷 크레이그 83
딸기 26, 93
딸기꽃 80
떡갈나무 124

ㄹ
라플레시아 20

ㅁ
마늘 103
맨드라미 31
맹그로브 18, 65
메스키트 159
목련 31, 112
무 62
무궁화 30, 80, 94
물수세미 29, 90
물옥잠 29
미모사 117
민들레꽃 80

ㅂ
박달나무 35
박주가리 67, 69, 124
밤나무 27
밤나무꽃 79
배 93
배나무 27
백합 69, 103
버드나무 38

벌레잡이통풀 16
벚꽃 80
벼 112
복숭아나무 27
봉숭아 51, 97, 112
부레옥잠 29, 163
북극양귀비 146
붕어마름 29, 90, 162
비파나무 89
빵나무 22

수세미 33, 68
신갈나무 46
쐐기풀 120

ㅇ
아까시나무 34, 139
아레카야자 82
앉은부채 89
애기똥풀 46
야자나무 99, 153
양파 69, 77, 103
엉겅퀴 120
연꽃 28, 90, 99, 161
오동나무 35
오이 33
오이꽃 79
옥수수 55, 65, 112
옻나무 46
완두 77
우산이끼 51
우엉 96
원추리 61
유카리나무 53
은행나무 43, 76
인도고무나무 83

ㅈ
자갈풀 122
자귀나무 116
자운영 139
자작나무 47
잣나무 35
장미꽃 88
전나무 76, 148
제비꽃 30, 98
조팝나무 38
진달래 94
진달래꽃 79

ㅊ
참빗살나무 46
참외 33
채송화꽃 80
철쭉꽃 79

ㅋ
코스모스 31
콜로반투스 145
콩 94, 98, 128

ㅌ
타이탄아룸 155
털부처꽃 47
토끼풀 139
튤립 69, 103, 113, 116

ㅍ
팥 94
포도 32
포도나무 67, 77
포인세티아 77
플라타너스 34, 76

ㅎ
한란 136
할미꽃 46
해바라기 30, 112
향나무 35
호박 32, 67
호박꽃 79, 80
회전초 159

ㅅ
사과 93
사과나무 26
사쏘닐라 38
새삼 130
생강나무 47
석류 94
석송강 43
선인장 69, 77
소나무 52, 76, 127
소철나무 43
쇠뜨기 69
수련 29
수박 32, 94

사진 출처

연합뉴스, Dreamstime, Shutterstock, Wikipedia(Kenpei, Bostonian, Dalgial, Strobilomyces, Teun Spaans, Vmenkov, David Shankbone, Arnoldius, Joy Viola, DanielCD, Eleassar, Challiyan, Dysmorodrepanis, Keisotyo, Ansgar Walk, Liam Quinn, Melbcity, Qypchak, Neil Palmer, IRRI, Michael Maggs, Larry1732, Benjamin Gimmel, Luc Viatour, Lubasi, Nepenthes, Amit Chattopadhyay, Calle Eklund/V-wolf), forestryimages.org(USDA Forest Service Southern Research Station Archive, Derek Ramsey, Rebekah D. Wallace, Susan Ellis, James Denny Ward, Manfred Sobottka, Forest & Kim Starr, The Dow Gardens Archive, Nancy Loewenstein, Frank C. Muller, University of Georgia Plant Pathology Archive, Gerald Holmes, Jerry A. Payne, William M. Ciesla, Howard F. Schwartz, David J. Moorhead, Graves Lovell, Rob Routledge, Gerald J. Lenhard, Dave Powell, John Ruter, Ohio State Weed Lab Archive, Joseph LaForest, Richard Webb, Barbara Tokarska-Guzik, Joseph O'Brien, Paul Bolstad, Gil wojciech, Chris Evans, Jan Samanek, Fomax, Michael Philip, Joseph M.DiTomaso, Charles T.Bryson, Robert Videki, Donald Owen, Arnelist, Paul Wray, Scott Bauer, Wendy VanDyk Evans, Karan A. Rawlins, Patti Anderson, Ko Ko Maung, Joseph Berger, Leslie J.Mehrhoff, James H.Miller&Ted Bodner, FangHong, Julia Scher, Barry Rice, Arnold Paul, Slaunger, Mary Ellen Harte, Alpsdake, Darkone, Whitney Cranshaw, Paul A.Mistretta, Flominator, John M.Randall, Troy Evans, travel oriented, Dalgial, Amit Chattopadhyay, Calvin teo, Derek Ramsey)

- 이 책에 실린 사진은 저작권자의 허락을 받아 게재한 것입니다.
- 저작권자를 찾지 못해 게재 허락을 받지 못한 일부 사진은 저작권자가 확인되는 대로 게재 허락을 받고 통상 기준에 따라 사용료를 지불하겠습니다.

찾아보기

ㄱ
가시털 · 120
갈래꽃 · 80
갓털 · 98
갓춘꽃 · 79
겉씨식물 · 42
겨울눈 · 111
곁뿌리 · 60
곰팡이 · 128
공생 · 128
광합성 · 72
귀화 식물 · 138
굴광성 · 114
굴수성 · 115
굴지성 · 115
균류 · 40
그물맥 · 54
기공 · 72
기생뿌리 · 62
기생 식물 · 130
꺾꽂이 · 104
꽃가루 · 92
꽃가루관 · 92
꽃가루받이 · 20
꽃받침 · 78
꽃밥 · 79
꽃식물 · 50

꽃잎 · 78

ㄴ
나란히맥 · 55
나이테 · 70
난자 · 101

ㄷ
단성화 · 79
단풍 · 111
대목 · 105
덩굴손 · 32
덩굴 식물 · 32
덩굴줄기 · 67
덩이줄기 · 69
땅속줄기 · 69
떡잎 · 93
떨켜 · 110

ㄹ
린네 · 49

ㅁ
물관 · 61
물뿌리 · 62
민꽃식물 · 50

ㅂ
배 · 93
배젖 · 93
버섯 · 40
버팀뿌리 · 63
부착뿌리 · 63
분해자 · 40
비늘줄기 · 68
뿌리 · 60
뿌리골무 · 61
뿌리줄기 · 69

ㅅ
살줄기 · 69
생장점 · 60
세포 · 66
속씨식물 · 42
솜털 · 98
송이버섯 · 41
수꽃 · 80
수매화 · 99
수술 · 78
수술대 · 79
수염뿌리 · 54
수정란 · 101
숙주 식물 · 130
숲 · 44

식물 · 41
식충 식물 · 14
쌍떡잎식물 · 54
씨 · 78
씨껍질 · 93
씨방 · 78

ㅇ
안갖춘꽃 · 9
알뿌리 · 113
암꽃 · 80
암술 · 78
암술대 · 78
암술머리 · 78
양치식물 · 42
에틸렌 가스 · 125
열매 · 92
엽록소 · 72
엽침 · 117
영양 생식 · 103
옥상 정원 · 56
외떡잎식물 · 54
원뿌리 · 60
잎맥 · 72
잎자루 · 72

ㅈ
잔토필 · 111
저장뿌리 · 62

접목 · 105
접붙이기 · 105
정자 · 101
조란기 · 101
조매화 · 88
조정기 · 101
종자 전쟁 · 140
줄기 · 66
증산 작용 · 73

ㅊ
참열매 · 93
체관 · 61
충매화 · 86
침엽수 · 148

ㅋ
카로틴 · 111
캅사이신 · 127

ㅌ
타닌 · 111
타이가 · 149
턱잎 · 72
통꽃 · 80
툰드라 · 147

ㅍ
풍매화 · 88

피톤치드 · 44

ㅎ
학명 · 49
헛열매 · 93
호흡뿌리 · 65
홀씨 · 42
홀씨주머니 · 101
활엽수 · 150
휘묻이 · 105